U0754524

中国近代新闻学名著系列丛书

芮必峰◎主编

实用新闻学

〔美〕休曼◎著
史青◎译

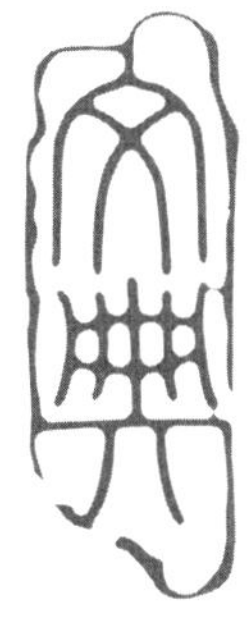

中国传媒大学出版社
·北京·

编 委 会

主　编　芮必峰

副主编　姜　红　刘　勇

编　委　贾　南　周　彤　张冰清　侯普曼

出版说明

本丛书整理再版了近代在中国用中文出版的经典新闻学著作，所涉及的图书既有专著、教材，也有译著，全面涵盖了新闻学理论、新闻业务、新闻史等领域，成书年份前后跨越40年。在这40年间，中国的新闻学科从无到有、从借鉴到创新，成就巨大。对这些著作的再次出版，为研究中国近代新闻学提供了珍贵的史料，绘制了中国近代新闻学的全景，度量了中国近代新闻学的厚度，填补了该领域空白，也为纪念中国新闻学诞生100周年献上了一份厚礼。

我们请中国人民大学新闻学院教授、博士生导师，广西大学新闻传播学院院长，教育部社会科学委员会委员兼新闻传播学科召集人郑保卫，及中国传媒大学传播研究院院长、教授、博士生导师，中央实施马克思主义理论研究和建设工程新闻学首席专家雷跃捷对本丛书的内容进行了审定，并根据专家的意见进行了修改。在此对两位专家所付出的辛勤劳动表示衷心感谢。

由于历史原因，本丛书中的个别图书存在一些问题，为保存历史原貌，为研究者提供一手的参考资料，影印时均基本保持其原貌，未作大的删改，希望读者结合当时的历史条件和历史环境，对其中的观点进行批判性借鉴。原书中存在一些错别字、漏字和排版错误，我们在影印时均未做改动，敬请读者注意。

由于原书出版年代久远，本丛书中的许多书籍难觅其踪，存世数量稀少，版权状况极其复杂。为了保证本丛书的学术性和完整性，我们将具有价值的图书先行选入其中，进行了抢救性发掘，力图保存中国新闻史珍贵的历史资料。版权所有人若有异议，请及时与我们联系。

为更好地体现中国近代新闻学的发展脉络，本丛书特别收录了欧美学者休曼的《实用新闻学》、斯蒂德的《新闻学的理论与实际》；日本学者松本君平的《新闻学》、后藤武男的《新闻纸研究》、杉村广太郎的《新闻概论》。当年这些书的出版对中国近代新闻学具有一定的借鉴意义。

本丛书为影印制作，成书清晰度由原书决定，由于出版年代久远，受当时生产力水平及制作方法限制，难免会存在一些缺陷，敬请读者谅解。

中国传媒大学出版社

总 序

如果从1903年商务印书馆编译出版日本人松本君平的《新闻学》算起，中国的新闻学已有115年历史①。如果从1918年北大新闻研究会建立，徐宝璜开办新闻学讲座算起，中国新闻学教育和研究迄今正好100年历史。我们搜集整理了清末至民国期间一些有代表性的新闻学书籍，希望借此重现早期中国近代新闻学的本来面貌，反映我国新闻学发展的历史脉络，我们认为，这对中国新闻学术、教育史研究以及中国近现代思想史研究都是很有意义的。

从1903年到1949年9月的40多年间，我国公开出版和内部印行的新闻学书籍，包括专著、教材、论文集、资料汇编、参考工具书等，约468种之多。②它们集中反映了我国新闻学的历史发展轨迹。然而，由于多种原因，这些书籍除了几本曾被重印出版外，大多已经是“只闻其名、难觅其踪”，这对我国新闻学研究不能不说是一个遗憾。

本丛书在梳理1903—1949年间出版的有代表性的新闻学书籍的基础上，精选了50部著作，校订注释，编纂再版，也算对这一遗憾的弥补。

从我们挑选的这50部新闻学书籍来看，中国早期新闻学的发展有三个鲜明的特点：

一、中国早期新闻学的发展与中国社会发展，尤其与国家民族利益息息相关

40多年间，中国新闻学从近乎空白到勃然而兴，这与中国社会的动荡、变

---

① 黄天鹏回顾新闻运动时说：“有清光绪二十八年，商务印书馆刊行《新闻学》一书，为我国人知有新闻学之始，原书为日人松本君平所著……”资料来源：黄天鹏．新闻运动之回顾［A］．黄天鹏．新闻学名论集［C］．上海：上海联合书店，1929．

② 林德海，等．中国新闻学书目大全1903—1987［M］．北京：新华出版社，1989．

革休戚相关。西方新闻学是现代化的产物，最早形成于19世纪末20世纪初。1901年，“新闻学”一词首见于中文报章[①]，但直到民国前夕，国人对于“新闻有学乎”尚存疑，认为报社就是新闻人才的“养成所”。至1912年上海报业俱进会以“吾国报业之不发达……其最大原因，则为无专门之人才”[②]为由，号召组织报业学堂，培养报业专门人才。不难看出，此时新闻界亦将新闻学视为办报之“技”。至1918年邵飘萍为徐宝璜《新闻学》作序仍“窃叹我国新闻界人才之寥落，良由无人以新闻为一学科而研究之者”[③]。黄天鹏把1903年至1918年新闻学研究会建立之前的十余年视为中国新闻学的启蒙期。[④]

1918年，随着以启蒙为目标的新文化运动愈演愈烈，新思潮涌入国门，“新学”“西学”站在旧传统的对立面被学界关注，新闻学思想也不例外。作为公学之首和新文化运动中心的北京大学率先开办新闻学研究会，力证了“新闻学”存在的正当性；徐宝璜《新闻学》一书问世，成为中国新闻学理论的奠基之作。新闻学教育兴起，新闻学研究著作渐盛，待到北伐前夕，中国新闻学从学理上和实践上俱已建立起来。

新文化运动后期，马克思主义传入中国，资本主义文明逐渐“祛魅”。之后的大萧条使得西方国家的痼疾暴露无遗，曾经“理想之彼方”的西方报业也难以幸免。在这一时代背景下，如何建立“吾国之报业”成为新闻学研究的热点，围绕这一热点，一方面，关于中外新闻理论、新闻事业、新闻业务的著作日益涌现；另一方面，军阀对于激进言论的暴力摧残，又引发了新闻人对于言论自由的论争。20世纪20年代的中国新闻学呈现百家争鸣之势。

“在这言论自由纷争之际，也有若干论调，认为新闻纸不过是一种政治宣传的工具，在新闻学方面也唱过所谓社会主义的新闻理论，不过这种论调没有完成，当头的国难已把这种理论粉碎。”[⑤]“九一八”事变后，面对空前的民族危机，“国家至上、民族至上”成为国论，报业成为勾连与动员社会的渠道和网络，

---

① 梁启超．本馆第一百册祝辞并论报馆之责任及本馆之经历［J］．清议报，1901（100）：1–8．

② 戈公振．中国报学史［M］．上海：上海书店，1989：278．

③ 徐宝璜．新闻学［M］．长春：时代文艺出版社，2009：7．

④ 黄天鹏．四十年来中国新闻学之演进［M］//龙伟，任羽中，王晓安，何林，吴浩．民国新闻教育史料选辑．北京：北京大学出版社，2010：149．（以下征引本书时，一律简注为《民国新闻教育史料选辑》。）黄天鹏在此文中提出他对于1903年到战事结束的40余年间中国新闻学发展阶段的划分，原载《中国新闻学会年刊》第1期，1942年9月。

⑤ 黄天鹏．四十年来中国新闻学之演进［M］//民国新闻教育史料选辑．北京：北京大学出版社，2010：161．

致力于推动“舆论统一”。直到全面抗战中期之前，以战争宣传动员为主要研究目标的“战时新闻学”都是新闻学研究的热点。

1943—1949年中华人民共和国成立前夕，随着战争形势的转变，抗日战争已现胜利的曙光，中国新闻学人开始构想新闻业的未来。萨空了[①]于1943年开始着手书写《科学的新闻学概论》，旨在提醒新闻人应“鉴于美英的前车”[②]，避免报纸“为大财阀资本家所独占”[③]，“积极地设法使报纸成为大多数民众自己的相互报道消息、提供意见的工具”[④]。

二、中国新闻学是“西学东渐”的产物，中国早期新闻学人大多具备西学背景

“西学东渐”的内在精神是中体西用。在“用”的招牌下，西学大量涌入。中国新闻学直接引自日本和美国。首先，中国最早的新闻学译著分别为1903年商务印书馆编辑出版的松本君平的《新闻学》和1913年美国记者休曼著、史青编译的《实用新闻学》。前者成为中国新闻学的开端，而后者作为美国第一本新闻教育著作，“提供采访编辑各种实际问题的解决方案”[⑤]，也奠定了中国新闻人对于新闻教育之作用的基本构想。

早期中国新闻学人大多具备留美留日的求学背景。徐宝璜曾于美国密歇根大学修习经济学与新闻学，其《新闻学》（1919）的参考文献包括在美国出版的图书23种、在英国出版的图书7种，印证了时任北大校长蔡元培所言，“新闻学之取资，以美为最便矣”[⑥]。任白涛求学日本早稻田大学政治经济学系时，加入了《朝日新闻》名记者杉村楚人冠等筹建的“大日本新闻学会”[⑦]，《应用新闻学》

---

① 萨空了（1907—1988）四川成都人，蒙古族，笔名了了、艾秋飚，记者、主编、新闻学家。1927年任《北京晚报》《世界日报》编辑记者、《世界画报》总编辑。曾任教民国学院新闻系、北京新闻专科学校。1935年任上海《立报》副刊主编、总编辑兼经理。中华人民共和国成立后任中央人民政府新闻总署副署长兼新闻摄影局局长、出版总署副署长、全国政协副秘书长兼《人民政协报》总编辑等职。负责主编《中国大百科全书·新闻出版》卷，著有《科学的新闻学概论》《科学的艺术概论》《宣传心理研究》等。

② 萨空了. 科学的新闻学概论［M］. 香港：文化供应社，1946：36.

③ 萨空了. 科学的新闻学概论［M］. 香港：文化供应社，1946：36.

④ 萨空了. 科学的新闻学概论［M］. 香港：文化供应社，1946：36.

⑤ 黄天鹏. 四十年来中国新闻学之演进［M］//龙伟，任羽中，王晓安，何林，吴浩. 民国新闻教育史料选辑，北京：北京大学出版社，2010：157.

⑥ 邓绍根. 中国新闻学的筚路蓝缕：北京大学新闻学研究会［M］. 北京：清华大学出版社，2015：228.

⑦ 1915年《朝日新闻》的杉村楚人冠等在庆应义塾大学创办“新闻研究会”并讲授课程，后根据该讲义出版了《最近新闻纸学》（1918）。其时，杉村楚人冠还兼任“大日本新闻学会”的筹建者与学会新闻讲座讲师。

（1922）正是仿照杉村楚人冠《最近新闻纸学》一书体例所做。[①]邵飘萍的《实际应用新闻学》（1923）亦参考了《最近新闻纸学》。[②]杉村楚人冠深受美、德新闻思想熏陶，美、日、德的新闻思想因故才传到中国。

事实上，正是留美、留日学生群体的新闻学著述构建起了中国早期新闻学的基本框架。仅本丛书所涉国内著（编）者30人中，剔除资料不详者3人，有留学经历者共计15人。其中留美5人：徐宝璜、伍超、赵敏恒[③]、戈公振[④]、曹用先[⑤]；留日8人：吴定九[⑥]、邵飘萍、黄天鹏、任白涛、张友渔[⑦]、谢六逸、袁殊[⑧]、王文萱[⑨]；

① 周光明. 近代新闻史论稿［M］. 北京：社会科学文献出版社，2014：276.

② 方晓红. 中国新闻简史［M］. 南京：南京师范大学出版社，1996：122.

③ 赵敏恒（1904—1961），记者、新闻学教授。早年就读于清华大学，1923年起先后于美国科罗拉多大学文学院、密苏里大学新闻学院、哥伦比亚大学新闻学院攻读英国文学和新闻学，并获新闻学硕士学位。1925年起在纽约环球通讯社当编辑。1927年回国，在国民政府外交部情报处短暂工作后加入路透社。1945年10月任《新闻报》总编，兼任复旦大学新闻学教授。

④ 留学两个及两个以上国家的，按其留学的第一个国家计。

⑤ 曹用先，女，宁波人，天津南开大学社会科毕业。1926年与未婚夫查良鉴自南开大学毕业后，同赴密歇根大学留学，1930年在该校安娜堡完婚。硕士毕业后回国，曾就职于上海商务印书馆编辑所并任教于大夏大学，1949年与查赴台，1951年4月病逝于台湾。

⑥ 吴定九（1890—1930），名鼎，字定九，嘉定人。著名报人，《京报》元勋之一，著有《新闻事业经营法》。公派赴日本名古屋学习土木工程时，与在东京政法学校读书的邵飘萍成为密友。1923年9月，私立北京平民大学设立报学系，时任京报社经理的吴定九担任教授并讲授专业课程“新闻经营法”。

⑦ 张友渔（1898—1992），原名张象鼎，字友彝，又名张忧虞，山西灵石人。法学家、政治学家、新闻学家。先后求学于山西第一师范学校，国立北平法政大学法律系。1927年任《国民晚报》社长兼总编辑。同年加入中国共产党，任中共北平市委委员兼秘书长。1930年赴日留学。“九一八”事变后回国任《世界日报》主笔及燕京大学、中国大学、民国大学、中法大学、北平大学法商学院教授，讲授宪法学、劳动法学、新闻学和日本问题。1943年起在重庆任中共南方局文委秘书长、《新华日报》社论委员会委员、中共重庆工作委员会候补委员兼政策研究室副主任、《新华日报》代总编辑等职。

⑧ 袁殊（1911—1987），中共谍报人员、记者、新闻学者。早年赴日攻读新闻学、东洋史。曾创办上海自修大学并设新闻专科。1931年3月创办的《文艺新闻》，最早揭露了左联五烈士被害的消息。1932年任新声通讯社记者，经潘汉年引介加入共产党。1942年卧底敌伪报纸《新中国报》，1945年10月转移到苏北解放区；1949年调入中央情报部门。著《记者道》《学校新闻讲话》《新闻大王赫斯特》等书；译《新闻法制论》等。

⑨ 王文萱，曾留学日本，1930年5月翻译杉村广太郎的《新闻概论》。1942年国立社会教育学院新闻系成立，王文萱在该系教授新闻业务课程。1947年年初，李宗仁授意萧一山在北平创办《经世日报》作为喉舌，任命王文萱、蓝文澄两位教授为主笔。

旅欧2人为胡愈之和储玉坤[①]（详情见表）。这些涉足新闻学研究的归国留学生兼容并蓄，汲取美、日、德等国新闻理论和马克思主义新闻思想的精华，进行本土化改良，亦从侧面反映出中国新闻学的理论来源。

三、中国早期新闻学人往往兼新闻实践、新闻教育、新闻研究于一身

1918年，北京大学新闻学研究会成立，徐宝璜负责讲授新闻学知识。他结合自身从业经验，参考欧美新闻学书目，形成课程讲义；再结合讲课心得，不断完善新闻学理论。1919年，国人自撰的第一本新闻学专著《新闻学》最终成书。徐在自序中细陈写书修书之过程："新闻学乃近世青年学问之一种，尚在发育时期。余对于斯学，虽曾稍事涉猎，然并无系统之研究。客岁蔡校长设立新闻学研究会，命余主任其事，并兼任导师。余乃于暑假中，正式加以研究，就所得著《新闻学大意》一篇，以为开会后讲演之用。……开会后，余继续研究，加以会员之质疑问难，时有心得，遂将原稿加以修改，成第二次之稿……"[②]显然，"曾稍事涉猎"指其曾经担任《晨报》主笔的工作经历。早期中国新闻学人兼具从业经验和新闻学教学经验者多会总结实践经验、丰富新闻理论、著书立说、传道授业，这种情况并不鲜见。

从早期新闻学著作的作者（编者）身份来看：本丛书涉及国内著（编）者30人，除李公凡、刘元钊和鲁风三人身份不详，仅蒋国珍[③]、项士元[④]二人没有明确的新闻从业经验。而在这25人中，更有20人兼具从业经历与从教经历。新闻学人大多具有新闻从业经历，学术研究、传承活动与新闻实践密不可分（详

① 储玉坤，1912年生，江苏宜兴人，笔名雨君、储华。1937年中央政治学校大学部新闻学及国际政治专业毕业。1938年1月任《文汇报》编辑兼社论撰述者；1938年5月担任《文汇报》法国哈瓦斯分社编辑；抗战胜利后，任《文汇报》总主笔。1946年5月转任《申报》主笔和法国新闻社远东分社中文部主任，兼任中国新闻专科学校教务长和沪江大学新闻系教授。著有《现代新闻学概论》《第二次世界大战史》《美国经济》。

② 邓绍根，中国新闻学的筚路蓝缕［M］. 北京：清华大学出版社，2015：244.

③ 蒋国珍出生于1896年，江苏溧阳人，做过学生运动领袖、国民党党员、教育工作者、政府职员、银行经理。曾加入上海学生运动，代表上海全国各界联合会、全国学生联合会、上海各界联合会、学生联合会四团体发声。虞文俊认为其传世的《中国新闻发达史》翻译自日本人伊藤武雄的《中国新闻发达史》，即蒋国珍应为此书的译者而非著者。

④ 项士元（1887—1959），佛教居士、学者。原名元勋，号慈圆，又号石槎。浙江临海人，通日、英、德、梵、俄文，一生佛学著作等身。25岁毕业于杭州府中学堂，后办私立小学和赤城初级师范，兼任各校教师；捐资并赠书创办了临海图书馆。项士元长期辗转江浙等地从事教育、新闻和史志方面的研究工作。中华人民共和国成立后主持台州文管会，任浙江省文史馆馆员。所著《浙江新闻史》是中国最早的新闻史之一。

见表1[①]）。

从新闻学著作本身来看，许多民国新闻学书籍正是新闻实践和新闻教育的直接产物：国人自撰的第一部新闻采访学专著——《实际应用新闻学》根据邵飘萍在北京大学新闻学研究会和平民大学新闻系的讲稿所著，《新闻学总论》一书则根据邵氏国立政法大学的新闻学讲义整理而成；周孝庵[②]根据自己在复旦大学的新闻学讲义编著了《最新实验新闻学》；郭步陶[③]的《本国新闻事业》是上海市私立申报新闻函授学校讲义之十一；而《新闻学的基础知识》本就是中美日报读讯会[④]为新闻学自修者所出版的教材《实用新闻学讲义》之一；储玉坤的《现代新闻学概论》则是专门为大学新闻理论教科书而编写的（详见表2）。

正是由于早期新闻学人兼新闻实践、新闻教育、新闻研究于一身，才能为理论教学与著述提供最鲜活的案例，促使新闻实践经验迅速融入新闻学理论研究。这是近代中国新闻学迅速发展的重要因素，对于当今的新闻学研究、新闻学教育工作也有重要启示。

本丛书编委会邀请相关领域资深专家进行研讨，认真甄选了书目，仔细进行了版本比较和甄别，从而保证了本丛书较高的学术权威性。

由于历史的局限，民国新闻学书籍的不足是明显的，如学术理论不成熟、部分话语和话题打上了深深的时代烙印等；又因书中涉及的新闻稿件写作于特定历史环境和历史年代，其表达方式不严谨亦不可避免。盖所选书目皆是历史文献，我们在审校中尽量保持其历史原貌，不做大的删改；对极个别对马克思

---

① 李秀云．留学生与中国新闻学［M］．天津：南开大学出版社，2009：239-251．本书中李秀云整理了民国期间从事新闻学研究的留学生44人，并分析其留学国别构成、专业构成、新闻实践经历、从教经历等。

② 周孝庵（1900—1973），佛教学者、律师、报人。松江府人。毕业于江苏省立第一商业学校。历任上海时事新报馆记者、编辑、主编，著《最新实验新闻学》。1928年秋被复旦大学聘为新闻学教授。曾于上海法政大学获法学学士学位，1930年兼律师。1932年主编上海《新闻报》“法律质疑”栏目、编著了《法律质疑汇编》。上海沦陷后，曾氏关闭了律师事务所，潜心佛学研究。

③ 郭步陶（1879—1962），原名成爽，后改名惜，字步陶。四川隆昌人。名记者、新闻研究者。1911—1917年任《申报》编辑，1917年任《新闻报》编辑主任、主笔。1930年任教于复旦大学新闻系。上海沦陷后赴香港，任职于《申报》（香港）、《星岛日报》；1939年创建中国新闻学院（香港）并任院长。抗战胜利后回沪任教于复旦大学、新中国学院。

④ 《中美日报》是“孤岛”时期的国民党报纸，为躲避日伪新闻检查，在美商罗斯福出版公司招牌下运作，副刊有《集纳》《堡垒》等。1938年11月创刊，1941年12月停刊，1945年8月复刊，次年4月终刊。总编先后为杨勋民、查修、詹文浒，总主笔周宪文，执笔者有储玉坤、章丹枫等。胡道静曾任英文编辑。报社读讯会为自修新闻学的读者出版了《实用新闻学讲义》，共计10种，对编辑术、采访术、评论作法、新闻写作、新闻学史、剪报工作等都有专篇论述。

主义、共产党等的不适当叙述已进行了删除处理。

本丛书规模较大，从策划项目、搜集资料、校订编纂到审稿成书，历时两年有余。这50本书可能并非本本经典，其中有些内容亦有重复、雷同之处，但瑕不掩瑜，它们对于研究中国新闻学功不可没，作为新闻史资料极具研究价值。感谢中国传媒大学出版社和安徽大学新闻传播学院诸位老师的辛勤付出，也希望读者在本丛书中能读出更丰富的内容，获得启发并更深入地思考。

丛书主编　芮必峰

2018年5月7日

附表：

表1 著者受教育、从业、从教及著述情况列表

序号	姓名	是否留学及留学国家	从业经历	从教经历	著作
1	徐宝璜	美国密歇根大学，经济学、新闻学	北京《晨报》主笔	北京大学新闻学研究会、北京平民大学新闻系	《新闻学》《新闻事业》
2	戈公振	1927年赴美国、日本考察新闻事业	首创《图画时报》、“上海新闻记者联合会”会长、《申报》总管理处设计处主任兼《申报星期画刊》主编	上海南方大学新闻系、上海国民大学新闻系、复旦大学新闻系、上海沪江大学商学院、上海民治新闻学院	《新闻学撮要》《中国报学史》《新闻学》
3	邵飘萍	东京政法学校	《汉民日报》主编、《时事新报》《申报》《时报》主笔、创办“北京新闻编译社”、《京报》社长	北京大学新闻学研究会、北京平民大学新闻系、国立法政大学	《实际应用新闻学》《新闻学总论》
4	吴定九	日本名古屋工业专门学校土木工程	主持《京报》	北京平民大学新闻系、国立法政大学	《新闻事业经营法》
5	谢六逸	日本早稻田大学东洋文学史	《立报》文艺副刊《言林》主编、《国民周刊》《趣味》周刊主编	复旦大学新闻系、申报新闻函授学校、国立社会教育学院新闻系、暨南大学新闻系、大夏大学新闻系	《实用新闻学》《国外新闻事业》《新闻储藏研究》
6	黄天鹏	日本早稻田大学新闻系硕士	在北平创刊《新闻学刊》并担任主编	复旦大学新闻系、上海沪江大学商学院新闻学科	《新闻文学概论》《中国新闻事业》《新闻学入门》《新闻学概要》
7	赵敏恒	美国科罗拉多大学文学院、密苏里大学新闻学院、哥伦比亚大学新闻学院攻读英国文学和新闻学，并获新闻学硕士学位	纽约环球通讯社编辑，后加入路透社。“九一八”事变后为美国国际新闻社、伦敦《每日电讯报》《朝日新闻》等供稿。1945年10月任《新闻报》总编辑	复旦大学新闻系、中央政治学校新闻系、暨南大学新闻系	《外人在华的新闻事业》

续表

序号	姓名	是否留学及留学国家	从业经历	从教经历	著作
8	周孝庵	无	历任上海时事新报馆记者、编辑、主编；主编《上海新闻报》"法律质疑"栏目	复旦大学新闻系、新闻大学函授科	《最新实验新闻学》
9	张友渔	1930年、1932年、1935年多次赴日学习新闻学、考察日本新闻事业	《世界日报》编辑、《大同晚报》总编辑、《国民晚报》社长、《泰晤士报》总编辑、《新华日报》社论委员	燕京大学新闻系、北平民国学院新闻系	《新闻之理论与现象》《日本新闻发达史》
10	袁殊	日本新闻专科学校、早稻田大学历史系	创办《文艺新闻》《译报》、新声通讯社记者	上海自修大学新闻专科	《记者道》《学校新闻讲话》《新闻大王赫斯特》《新闻法制论》(译)
11	胡愈之	1928年法国巴黎大学攻读国际法	《东方杂志》编辑、创办《公理日报》、哈瓦斯通讯社远东分社中文部编辑主任、主编新加坡《南洋商报》		《胡愈之出版文集》
12	储玉坤	留法	《新闻报》编辑、《文汇报》编辑、法国哈瓦斯通讯社中国分社编辑、《文汇报》总主笔、《申报》主笔、法国新闻社远东分社中文部主任	中国新闻专科学校、沪江大学新闻系、之江大学新闻系、致用大学新闻学系	《现代新闻学概论》
13	任白涛	日本早稻田大学政治经济学	创办中国新闻学社、《新湖北日报》总编辑		《应用新闻学》《综合新闻学》
14	曹用先	美国密歇根大学①	上海商务印书馆编辑所②	大夏大学③	《新闻学》

① 毛彦文. 往事［M］. 北京：商务印书馆，2012：28.

② 雪林. 一段值得介绍的婚姻（红藏·生活·第四卷第三十八期）［M］. 湘潭：湘潭大学出版社，2014：435-437.

③ 毛彦文. 往事［M］. 北京：商务印书馆，2012：28.

续表

序号	姓名	是否留学及留学国家	从业经历	从教经历	著作
15	王文萱	留日[①]	《经世日报》[②]	国立社会教育学院新闻系[③]	《新闻概论》（译）
16	伍超	留美“攻读新闻科”[④]			《新闻学大纲》
17	郭步陶	无	《申报》编辑、《新闻报》编辑主任兼主笔、《申报》（香港）、《星岛日报》编辑	复旦大学新闻系、《申报》新闻函授学校、中国新闻学院（香港）、新中国学院	《本国新闻事业》
18	任毕明[⑤]	无	《民国日报》《时报》《快报》主笔、《大众日报》总编辑	香港中华新闻学院	《战时新闻学》《评论学十讲》
19	赵君豪[⑥]	无	《申报》副总编辑	上海商学院新闻专修科、复旦大学新闻系、上海法政学院新闻专修科	《中国近代之报业》《上海报人的奋斗》

① 杉村广太郎. 新闻概论·黄序［M］. 王文萱，译. 上海：联合书店，1930.

② 冯国定. 忆萧一山先生［M］//中国人民政治协商会议北京市委员会文史资料研究委员会文史资料选编（第43辑），北京：北京出版社，1992：104.

③ 苏州大学社会教育学院. 峥嵘岁月（第三集）［M］. 北京、上海、南京、苏州校会. 1991：229.

④ 伍超. 新闻学大纲·自序［M］. 上海：商务印书馆，1925.

⑤ 任毕明，原名任大任，生于1904年，广东鹤山人。1925年在广西梧州创办《民国日报》，曾任《时报》《快报》主笔，主持过香港的《大众日报》。参与创办香港中华新闻学院，并任教。著作有《龙虎集》《风云集》《社会大学》《新社会大学》《战时新闻学》和《评论学十讲》等。

⑥ 赵君豪（1900—？）江苏兴化人。报人。“五四时期”求学于上海交通大学，经常给著名的《民国日报》副刊《觉悟》投稿，并与时任《觉悟》编辑的邵力子讨论种种社会改造问题。毕业后进入《申报》馆工作，抗战后任《申报》副总编辑。1929、1942年两度兼任复旦大学新闻系编辑教授；1930年兼任上海法政学院新闻专修科教授，讲授采访学；曾任《申报》新闻函授学校教授。1944年10月在重庆出版《上海报人的奋斗》。

续表

序号	姓名	是否留学及留学国家	从业经历	从教经历	著作
20	杜绍文[①]	无	杭州《民国日报》国际版编辑、《东南日报》《前线日报》主笔兼《新闻战线》周刊主编、《东南日报》总编辑、《文汇报》办公室主任	复旦大学新闻系	《新闻政策》《中国报人之路》《战时报学讲话》《国际新闻纵横谈》
21	胡道静[②]	无	《万有文库》编辑、上海通志馆编修、《通报》《中美日报》《大晚报》等报记者、编辑、撰稿人	上海法政学院新闻专修科	《上海新闻事业之史的发展》
22	张静庐	无	创办上海杂志公司并出任总经理		《中国的新闻记者与新闻纸》《中国近代出版史料》《中国现代出版史料》《中国出版史料》《在出版界二十年》
23	萨空了	无	《北京晚报》编辑记者、《世界日报》画刊编辑、《世界画报》总编辑、天津《大公报》艺术半月刊主编	民国学院新闻系、北京新闻专科学校	《科学的新闻学概论》

① 杜绍文（1909—？），又名杜超彬，广东澄海人。1927年入复旦大学中文学新闻组学习，1931年留校助教。后任杭州《民国日报》国际版编辑、资料室主任、浙江《东南日报》主笔。抗战期间主编浙江战时新闻学会会刊《战时记者》月刊,《国民日报》总编辑、社长；抗战胜利后任上海《前线日报》主笔兼《新闻战线》周刊主编。1946年至1951年间任复旦大学新闻系教授，1952年任上海《文汇报》记者、编委办公室主任。著有《新闻政策》《中国报人之路》《战时报学讲话》《国际新闻纵横谈》。

② 胡道静（1913—2003），安徽泾县人。1931年毕业于上海持志大学国语系。曾参加《万有文库》编辑和上海通志馆编修工作。“孤岛”时期坚守上海新闻界抗日宣传工作，任《通报》《中美日报》《大晚报》《密勒氏评论报》记者、编辑、撰稿人，同时在上海法政学院新闻专修科讲授新闻史课程，为共产党的抗日宣传培养新闻干部。1949年后历任中华书局上海编辑所编辑、上海人民出版社编审等。

续表

序号	姓名	是否留学及留学国家	从业经历	从教经历	著作
24	管照微[①]		复旦大学校刊编辑、1931 年兼任上海新闻社记者	兰州大学经济系	编《新闻学论集》
25	项士元				
26	蒋国珍	疑为《中国新闻发达史》的译者而非著者[②]			
28	李公凡	不详			
27	鲁风	不详			
28	刘元钊	不详			

① 管照微，高中就读于上海立达学园，曾与王济深、刘仲达、唐旭之等先后组织了“时潮社”和“立达剧团”。后进入复旦大学新闻系学习，与伍梦窗、林楚君、向浦、徐之津等加入了复旦大学“左联”，并负责复旦大学的校刊编辑工作。1933年12月21日因宣传左翼思想被捕，后任教于兰州大学经济系。

② 虞文俊是东亚中国新闻史研究第一人。《中国新闻发达史》译者蒋国珍初考［J］. 新闻界，2015（15）.

表2　书目

序号	年份	书名	作者	备注
1	1903	新闻学	〔日〕松本君平 著	
2	1913	实用新闻学	〔美〕休曼著 史青译	
3	1919.12	新闻学	徐宝璜① 著	北京大学 新闻研究会讲稿
4	1922.11	应用新闻学	任白涛② 著	
5	1923.8	实际应用新闻学	邵振青 著	北京平民大学、 国立法政大学讲义
6	1924.4	新闻事业	徐宝璜 胡愈之 著	
7	1924.6	新闻学总论	邵飘萍 著	
8	1925.1	新闻学大纲	伍超 著	
9	1925.2	新闻学撮要	戈公振③ 编	
10	1927.9	中国新闻发达史	蒋国珍 著	
11	1927.11	中国报学史	戈公振 著	
12	1928.9	中国的新闻纸	张静庐 著	
13	1928.11	最新实验新闻学（上）	周孝庵 著	复旦大学新闻系
14	1928.11	最新实验新闻学（下）	周孝庵 著	复旦大学新闻系
15	1930.4	新闻事业经营法	吴定九 著	
16	1930.5	新闻概论	〔日〕杉村广太郎 著 王文萱 译	

① 徐宝璜，中国新闻学者、新闻教育家。1912年毕业于北京大学，后公费留美，于密歇根大学攻读经济学、新闻学。徐宝璜在美国密苏里大学受过系统的新闻学教育。

② 任白涛，笔名冷公、一碧，河南南阳人。1911年辛亥革命后，先后担任上海《民立报》《神州日报》《新闻报》驻河南特约通讯员，参加当地反袁活动。1916年留学日本，在早稻田大学攻读政治经济学，并加入了大日本新闻学会。

③ 戈公振所著的《中国报学史》最早由上海商务印书馆出版，是研究新闻学和我国新闻事业发展史的开山之作，国内外新闻界将之誉为中国首部新闻史学权威著作。任教上海国民大学期间，戈公振开始着手《中国报学史》一书的写作。在从事新闻工作之余，戈公振致力于新闻教育事业和新闻学研究工作，曾在上海国民大学、南方大学、大夏大学、复旦大学等校新闻系和杭州暑假报学讲习所讲授新闻学方面的课程，在新闻学研究上留下了许多著述。

续表

序号	年份	书名	作者	备注
17	1930.8	中国新闻事业（上）	黄天鹏[①] 著	
18	1930.8	中国新闻事业（下）	黄天鹏 著	
19	1930.8	新闻纸研究	〔日〕后藤武男 著 俞康德 译述	
20	1930.9	浙江新闻史（上）	项士元 编	
21	1930.9	浙江新闻史（下）	项士元 编	
22	1932.7	学校新闻讲话	袁殊 著	
23	1932.8	外人在华的新闻事业	赵敏恒 著	
24	1933.4	新闻学入门	黄天鹏 著	
25	1933.10	新闻学论集	管照微 编	复旦新闻学会丛书
26	1935	实用新闻学（上）	谢六逸[②] 编	申报新闻函授学校讲义之三
27	1935	实用新闻学（下）	谢六逸 编	申报新闻函授学校讲义之三
28	1934.1	新闻学	曹用先	
29	1934.2	新闻学概要	黄天鹏 编	复旦大学讲义、上海沪江大学新闻学专修科
30	1935	上海新闻事业之史的发展	胡道静 著	
31	1936.5	新闻学讲话	刘元钊 编著	

① 黄天鹏，字天鹏，别号天庐。1927年1月，他创办了我国首个新闻学刊（1929年扩改为《报学月刊》）并任主编；他是我国新闻学术史上最早研究新闻学之产生及发展史的学者，是我国具有新闻学术史观的第一人。他于1923年就读于北京平民大学报学系，1929年留学日本,修业新研究所,旋入早稻田大学新闻系。归国后出版了《新闻文学概论》《中国新闻事业》《新闻学入门》《新闻学概要》等十余本新闻学专著。

② 谢六逸，中国现代新闻教育事业的奠基者之一。著名的作家、翻译家、教授。1917年以公费生身份赴日就读于早稻田大学。1922年毕业归国，入商务印书馆工作。后历任神州女校教务主任及暨南大学、复旦大学、大夏大学教授。1930年任复旦大学中文系主任，并创设了后来闻名海内外的复旦大学新闻系，任主任。

续表

序号	年份	书名	作者	备注
32	1936	本国新闻事业	郭步陶 编著	申报新闻函授学校讲义十一
33	1936.6	新闻之理论与现象	张友渔 著	
34	1936.11	记者道	袁殊 著	
35	1937.7	现代新闻学概论	储玉坤 著	国民党政府唯一指定大学新闻理论教科书
36	1938.7	战时新闻学	任毕明 著	
37	1938.9	中国近代之报业（上）	赵君豪 著	
38	1938.9	中国近代之报业（下）	赵君豪 著	
39	1938.10	基础新闻学	李公凡 著	
40	1939.7	中国报人之路	杜绍文 著	
41	1940.4	新闻学	戈公振 著	1932 年完稿，另有 1947 年版
42	1941	新闻学的基础知识（上）	中美日报读讯会 编	中美日报读讯会实用新闻学讲义
43	1941	新闻学的基础知识（下）	中美日报读讯会 编	中美日报读讯会实用新闻学讲义
44	1941.7	综合新闻学 1	任白涛 著	
45	1941.7	综合新闻学 2	任白涛 著	
46	1941.7	综合新闻学 3	任白涛 著	
47	1944.9	新闻学	鲁风 著	新中国自修学院约稿
48	1946.6	科学的新闻学概论	萨空了 著	另有 1945.3 出版的署名艾秋飚的版本
49	1946.11	新闻史上的新时代	胡道静 著	
50	1947.12	新闻学的理论与实际	〔英〕斯蒂德 著 王季深 吴饮冰 译	上海文化函授学校读本

實用新聞學目錄

實用新聞學

美國休曼原著
中華史 青譯

第一章 美國報館進化史

以言夫人羣之自由。進化之迹。最足徵者。殆莫美國之報館若也。溯其原始。不知奮幾許之勇氣。經幾許之困難。蹈幾許之舛謬。終以機器之發明。日衆日精。乃有今日之輪囷離奇。不可以方物。蓋近世新聞事業之發達。實造端於自由之思想。與汽力電力之功用。相偕而並行。是知今日美國報紙之多。治理之精。勢力之大。發達之盛。遠超他國之上。非無故也。

昔湯末司約弗遜 T. Jefferson 嘗云。予寧居於有報紙無法律之國。不願居於有法律無報紙之邦。其時美國新聞事業。尚在幼稚之境。而約弗遜所以稱之者如此。蓋深知共和國中報紙之重要也。自約弗遜之時以至今日。美之幅員。與其國力。廣大極矣。約弗遜所未嘗夢見也。雖然。使無報紙之勢力。周浹於其間美之爲國。不足以有今日之盛。可以斷言。夫美國之政體。共和政體也。亦愷悌慈祥之政體也。使非其民思想之一致。烏可以長存乎。無電政。無報紙。無鐵路。美之衰亡久矣。今藉曰美之爲國。非受治於報紙。然美民之所以一體同心。力厚勢足者。皆手民之墨汁爲之。此實無可疑也。

顧美國近世最大之報紙。日載天下文明諸國之新見聞。以傳遍於通國。其所以有如是之發達。原始亦不遠。迄今故老中。尚有能道其發達之始者。其事蓋起於南北交戰。蘇多礮臺 Fort Sumter 被焚之日。是日也。雖謂之爲近世報紙產生之日無不可也。時則南北交鬨。內訌不息。人人欲一知戰地之消息。探所親之存亡。於是報紙刊發之多。遂爲前此所未有。美之報紙。至是始爲通達新聞之具。爲古之所未嘗聞。至於今日。繼長增高。其風不衰。爲人人之所樂睹。且自其初迄今。機器之發明。日精且勝。足以相追逐而無不逮。由是而美之報紙。自成一種之風氣。其取法於歐洲者絕鮮。其所操之事責。與彼立憲君主之國。大相懸殊。蓋美之報紙。民聲也。人民之思想也。非彼操政柄者之喉舌也。

欲明美國新聞事業之進化。不可不略知當初最先之報紙爲何若。其所以有今日之發皇而與歐洲報紙異趣者。知此乃可了解。其初一百五十年間。美之報紙。碌碌無足數者。然當知此亦進化中之一境。國度方在草創之際。故其報紙亦有草創之一境。其先之種種乖謬憤爭。卽發於人心之深愛國家與個人之自由。無可責備也。故英之名士克萊耳 Carlyle 嘗曰。雖有至睿極懿之君公。其治美洲。使爲人生之樂土。尚不如美洲自治之之爲愈也。美民之狂暴虛憍。與其不文而愚魯。卽所以造成美洲爲樂土者也。夫克萊耳於共和政體頗多微詞。其持論往往不中。然其稱美國猶曰搶攘紊亂。亦有一節之用。其至也亦有故焉。美之報紙。其事正如此。故法儒杜克維 De Tocqueville 於一八三一年游於美國。嘗謂國中報紙。純乎感情用事。濫用思想之權力。大可憂也。云云。蓋其時美國報紙。頗有張脈僨興之象。迨夫蘇多礮臺既兆焚如。局勢大變美之報紙。乃入於正大光明之域矣。

歐洲之有報紙也。在淨教徒西遁美國之時。一六三九年。美國之麥色朱塞殖民地。Massachusetts 始有印機一事。來自英國。然其時凡屬新聞消息皆在禁刊之律。即刊印律書。亦所不許。燒燬違礙書籍。日有所聞。故一六九〇年以前。美洲無有辦報者。良不足怪。直至是年。波斯頓 Boston 始有人發行一種之報紙。然次號未出。已爲有司所禁。辦報者曰哈立司 Benjamin Harris 報曰公事。Publick Occurrences 凡三小頁。原定月出一號。然公家官吏。則以爲其事與法律相違反。不爲社會之福。而毅然禁之矣。

先是前十九年。佛吉尼 Virginia 之大夫白可理 Sir W. Berkely 尙作祈禱之詞。以謝上天云。屬地之中。無有不納費之學校。及印刷之機械。良是幸事。且願後此百年間。永無此二物。白氏之所希冀。初未嘗見於實事。惟在佛吉尼中。較之其他屬地。則二者進步固爲緩也。

美洲新世界之有報紙立足地也。其時在一七〇四年。時則波斯頓始有一種之報紙。刊於半頁之白紙。長十二吋。寬八吋。發行者爲蘇格蘭人。波斯登之郵政長也。其報七日一出版。至一七七六年獨立事起。遂絕。然其時波斯頓已有他報。始創於一七一九年。未幾非拉特非 Philadelphia 亦出一報。至一七二五年。紐約亦有報紙矣。美洲有此四種之報紙。越三十年乃增至九。一七七六年。報紙共三十七種。中有七日二版者一。其時革命戰勝。獨立功成。全國猶無一種之日報。美國之有日報。始於非拉特非。時一七八四年也。十九世紀之初。美國報紙有二百種。國中有日報者四五城。越十年。增至三百六十。其中二十餘皆日報也。至一八三〇年。已有千種。其時國中尚無鐵路。亦無精良之印機。迨後鐵道大通。其報紙之發達亦愈盛矣。

美國當十九世紀之初。每二萬六千四百五十人得報紙一份。至十九世紀之末葉。每三千六百人得一份。苟就報紙之份數言。則其相較乃尤顯著。美國戶口去今百年間。增十五倍。報紙種數則增至百倍。而每日發行之份數。則以數千倍計。今全國每歲所發行之新聞紙及定期刊行之報。凡八十萬萬份。平均每人得一百零八份云。

美洲其先刊行之報紙。大抵轉載英國報紙所有而已。本埠之新聞。則記公車之時刻表。及舟船之動靜。外國之新聞。全係鈔錄倫敦報紙之所載。方其抵美。已事過數月。昔波斯頓某報記者。以本報所載歐洲事情後時至十三月。引以爲憾。其遲緩可想。其初爲記者者皆郵局之局長。蓋郵局者新聞之中樞也。報紙咸以人功印刷之木機印之。苟印至四五百份。卽已漫漶不可復識。報館亦無自由之可言。不得罪於屬地有司者。勿禁。一攖其鋒。則封閉立至。至今德國及歐洲大陸諸國尙如此。

最初之報紙。與其謂之曰新聞紙。毋寧謂之曰傳布道義及政論之媒介。報館之記者。固未嘗亟亟於刊佈新聞也。一七七六年七月四日。非拉特非之議會。

發布美洲獨立之宣言書。然是城大報。直至十三日始刊其文。波斯頓之報紙。至二十二日。始有一家刊之。蓋其時之報紙所力主勿懈者。社壇之論鋒也。假有通國聞名之人物。發一論議。則報館之記者視之。較無論幾許之新聞。尤爲重要。革命時代之報紙。大率在鼓吹人民實行革命。革命之大功既成。則黨派及政客之機關報亦成矣。

當十九世紀之前五十年間。無有人焉。謂辦報爲一種之專業。需專門之才能及豫備之功夫者也。即當一八五〇年時。發行報紙。人尚視爲偶爾之業。不以專門目之。凡任記者之人物。大率操法律或醫藥之業。或則就職於公家。以自奉其生。其人大抵無聊而赤貧。溉沾政黨或私人之餕餘。可憐生也。報紙之贏利。大抵得自捐助。或代爲他人刷印小品。稍得微潤。或則刊載拒納捐稅者之名籍。每歲亦略得官家之報酬。商人有登載告白於報紙者。非以爲招徠計也。但以爲辦報者窘迫可憐。而周恤之而已。此在今日巨城中之大報。豈不爲之驚怪而錯愕也乎。主持筆政之記者。必其善與他家爲紙上之談兵者。譏誹嘲罵之辭。必不容他人之上我報紙如此。宜其所入之不敷出也。卽今鄉市小邑之中。流風餘韻猶有存者。然其不能獲利一也。

反觀美國新聞事業之過去時代。其事如此。閱者得勿以爲爾時之記者。何竟不知善用其可得之新聞乎。雖然、是亦有說。其時之閱報者。所欲知者。記者對於新聞之批評也。非欲記者搜羅新聞而公之於衆也。國中要事之新聞。其傳遞也。尙以函札。或則由輿人旅客舟人之口道。本埠之新聞。槪由記者自編。大城市中之消息。則由報紙互相交換。彼此轉載而已。當墨西哥戰役。（一八四五年至一八四八年）軍中動作。及戰場消息。尙得之於公家之報告。或私人之書函。惟其時已有驛舍。設於新亞利斯。New Orleans 以快馬遞戰信。以至紐約之電報局云。

美國之新聞事業。首爲革故鼎新之謀者。紐約之希拉爾特也。(New York Herald)是報爲白納脫 J. G. Bennett 所創。（一八三五年）資本僅五百弗。方其初刊。

白郎宣言。本報爲獨立之新聞紙。非一黨之機關。白於辦報時。郎持閱報者欲知新聞不欲知意見之說。一意行之。白之爲人頗有搜集新聞之材。凡所欲得。爲之輒不吝費。一八三八年。歐洲始有汽船渡大西洋而至美國。船曰雪拉司 Sirius 白郎與船主約。後此希拉爾特報中。遂有歐洲通信矣。白又於報中加插圖畫。復刊銀行家之金融報告。凡此皆白所創始。非他家之所有。至於今日。則大報紙中。幾無一不以財政狀況。自爲一頁。爲報中之要品。然白之爲人。感情心勝。不知遠慮。今之黃色新聞。白郎其先導也。然美國新聞事業之發達。未始不由於白。白亦人傑矣哉。同時他家報館娼妒之心實甚於希拉爾特。恣肆譏評。白幾以一人爲衆矢之的。而孰知希拉爾特報。已具有近世新聞事業之種子乎。今之報紙。日載天下之消息。不啻當今之歷史。希拉爾特實其前驅也。時則黑奴問題。幾撼搖美國立國之基礎者。二十餘年。而其時美之報紙演進之程。亦顯分新舊二派。當其時直可謂之曰批評時代。新聞家如格利來 H.

Greely 可以一枝之筆力。而黜陟當世之政家。究之白納脫一派之新聞紙。得勢而勝。希拉爾特開創不及十二年。印機之良者出。希拉爾特益得勢。舊派之報館。不得已猶豫躊躇以從之。迨夫南北交鬨。前局盡翻。於是人人咸知報紙之天職。爲刊佈新聞消息矣。

一八六一年以前。機械工業之進步。雖有可論。而不足與新聞事業之發達相追隨。自是年以後。則二者之發皇演進。步履相當矣。傳遞新聞。輒以電報。當南北交鬨。戰和尚在懸懸之秋。民情最爲激昂。而格利來所主之紐約脫利賓。Tribune 每日所載電報。不及二欄。已而局勢一變。各報館以定閱者多。所得報資。足任廣多之電報費用。若在一載以前。未有能任者也。又以報紙流通日廣。刊告白者亦多。所入既豐。而新聞乃益推廣。

自是以後。報館中之要人。乃推訪事人。及美術家矣。各報駐華盛頓之訪事人。咸得本報之通告。勿多取個人之意見。但以勤寄新聞爲貴。各報以先載要聞相競。初已甚劇。至是乃益烈。未及一年。新聞事業。盡脫舊時窠臼。然其進步之神速。此特其初步已耳。讀報者盡嗜多讀新聞之癖。而新聞事業。至是亦遂成爲正當之職業。收羅新聞之法。益完美有法度。雖名之曰科學之一種。亦無愧色。至於今日。世界中凡有重要之近事。無一不入報紙矣。

機械工業之進步。其有關新聞事業者亦多可言。今請就去今六十年間之進步而詳言之。即不啻一世界機器進化史也。昔哥登白 Gutenberry 創活版印書之術。其時在一四三八年。顧四百年間絕鮮進步。若十九世紀之下半期。每十年間。印刷術之改良。方之前數百年之時代。猶有進也。

當白納脫之始創報紙也。一八三五年其時各報幾全以手機印之。一次僅印一面。至今尚有華盛頓式之手機。鄉社小郵之報館中猶用之。然是器固已視原式爲良矣。今美國老報館中。尚有人能言當日印報所用手機爲何種也。其時機中字模。每印一紙。必以人功爲之加墨。紙質既劣。且復潮潤。必謹慎蓋之於模上。機上槓杆一動。報紙乃成。館中司其事之記者。抑發行人。汗流其額。取已印之報。一一抽而出之。然必小心翼翼爲之。不爾紙裂矣。已乃更捲雙袖再印第二板。一份之報。需刋二次。而一報流通之多寡。亦視印刷時抽取之數。一報能銷至五百份。已稱巨額。一千份乃爲最大。若云千五百份者。則言者亦不能置信。使當其時有先覺之士語報館記者曰。本世紀之末葉。紐約之報紙。一日間將銷至五十萬份。其有不以爲狂囈猝發者乎。

十九世紀之末葉。機械工業之新發明物。日多一日。而新聞事業。亦因此而遭屢次之革命。其所以抵於今日之盛者。則皆鐵道電線。木質纖維紙。與夫一切印刷用品進步之功也。最初之進步。乃由軸印機之發明。至一八三二年。人始用之。迄今尚用之於印書及鄉村之小報。惟形式已多改良耳。此機嗣動以汽力。新聞事業之前途。已漸發展。其時鐵路已通。報紙所及之地。千倍於前。印報之機。不能不求其更速者。至一八四六年乃有何氏印機出現。Hoe's lightning press

何氏之印機。卽謂之爲於新聞事業開一新紀元。亦非過譽之語也。自有此機。而世界近事乃可於同時中遍告數千人。時則毛爾司 Morse 之電報。經已發明。方一八四四年前。自華盛頓遞消息以至紐約道中用驛傳。至速亦二日。自用電線以傳新聞。而華紐二地。減一日之程焉。

自今觀之。何氏之印機。復成舊物。當南北交鬭之頃。讀報者數百萬人。何氏之機。不足以應之也。更無論後此實業發達。鐵路大通時矣。社會之有待於報紙。如是其衆。於是造機之巧匠。有擬以鉛版印刷法爲之者。蓋其時鉛版經已發明。而無大用。若依此法。則數分鐘間可造成活字甚多。無論版式幾許。均可立就。故同一之印刷品。可同時印之於十餘二十餘之印機。自有此法。而百萬分之報紙。庶幾可以應時出版。流通於社會矣。此法之利用。始於何氏之綱形完全印機見之。

是機創於一八七一年。自後逐次改良。一機之中有印機六具八具。就其最新式言之。人工造物之神奇。於此乃見其極。今之八重機。（一機中有印機八具者）可容紙張四軸。二面並印。摺疊裁割膠合。以及計算報紙之份數。皆印機爲之。每一小時能出報九萬六千份。每份各八頁。造機一架。需時十八月。一機之價値遠過十九世紀之初。合美利堅通國之印報機而上之。

與印報之機同時並進者。排字機也。經無量之辛苦。費無限之資財。最後始有馬經他利 Ottmar Mergenthaler 之排字機器出。獲上賞焉。自有斯機。一人乃可爲五人之功。使能者爲之。七日之功。可於一日成之。排字之手民。與夫前之排字器。而今而後。殆將同歸於淘汰之列矣。今美國大城市之報館。大抵咸用此類機械。卽非同物。亦必其甚相似者。一館或多至五六十機。卽此可見報館財力之厚。然是機減低排字之費。至於半數。此發行人之所利也。是機他日。且將一變鄉村報紙之面目。此觀於城市中報館之成績。而可知者也。

凡一物之經發明也。往往他物他事。隨之而發明焉。前三十年間紙價。每磅二角四分。（美金下同）今則降至二分又四之一。此不可謂非一革命也。使今之紙張。猶以破布為之。則今之報館。其何以存。蓋自舊時之軸印機發明後。歐美之破布已不足供報館之需求。於是紙價翔貴。社會中人。幾有無報可讀之歎矣。幸也化學功進。紙張可以木質纖維造之。松科之林木。報館若日日張其血口而吞焉。今之報紙。皆印於木質所造之紙。吾人一日之所費。僅一二分而已足。而星期日之報。其重一磅。價只五分。其如是之廉者。即以紙出於木。故爾造紙之法。先伐木材。入廠櫑為細粉。已乃化之為厚漿。再加研鍊。則紙成矣。紙捲如軸。廣狹與報紙等。二端繞於鐵製之竿。一竿之紙。長可自二哩至四哩。一捲之重。自八百磅至千二百磅。今之網形機印報。即用此類之捲紙。印於二面。其事極疾。雖有至捷之目力。不能計其數也。

吾人於電報。及海底電線之為用。視若固然。不知發明之年月。去今正非遙耳。

故父老中尙有能言之者。美國報館中。每歲特派員通信之電費。高至十萬弗。報館同盟會之通信電費尙不在內。當大西洋海線初通時。以取價昂。用者甚少。報館之廣用此新法之通信。蓋在普法戰爭之際。紐約之脫利賓報。日載專員所發之海電。爲他報倡。價頗不貲。自是以後。則海線通信。視若平常。爲報紙所不可缺。凡報紙中電報電局例應減納。然至今外國通信。仍爲報館支出巨款之一宗云。

報館以新聞故而耗巨款。並世諸國。無有若美利堅之奢者也。搜羅新聞而處置之。亦無有若美利堅之綿密而精良者也。報館中若有探海之流星。常持向地球之各方四照。苟有新聞可得。無論地之難至易至。艱阻危險何若。需費幾何。必遣代表或特派專人以採之。探南極而成功。署西藏而得手者。何莫而非報館之力耶。

坐專班之汽車。定專線之電報。乘特備之郵船。以入外國戰爭之戰線。探新聞焉。此美國新聞事業中尋常事也。居於美國而讀倫敦巴黎之近聞。其所知乃過於彼身在倫敦巴黎者之所知。昨日之夕。中國有大戰焉。而戰爭之詳報。已具見於今日紐約舊金山之報紙。早餐未竟。而送報之童子。已持報入吾門矣。南美之戰地中。礮彈之煙燄未滅。而戰事之結果。吾已坐知。其本國之消息亦如此。電線糾紛。自總統選舉會。而分達各家之報館。司機之人。側坐於會中主席之旁。輕按其鑰。報告會中之詳情。巨細靡或遺者。其報館之中。電報室內。復有一人。收寄來之電信。而以打字機印之。一經記者之手。此一紙書。卽入排字房。曾幾何時。大街小巷間。人人手一報。而讀此新聞矣。

今之報館。無日不以所收之電報。納入於報紙之中。頁頁不斷。至有以無地可容而割棄之者。記者之一生。所日習者。何者爲不須付刊也。夫以如是之情形。宜乎新聞事業之經大變遷矣。昔却而司迭更司。任報館訪事時。以善憶聞。有所探訪。輒逐字逐句口道之。由今視之。不猶公車之於鐵道。於今日爲無所用乎。新聞事業者。今已成一種之職業。從事者需專門之教育。應有特別之嗜好。又必能耐勞苦。若僅欲略知一大報之組織與其辦法。其事固屬易易也。

第二章　責任與俸給

今之報館。亦一種之營業也。辦報者之所以從事於此。亦與設肆列廛者等耳。在昔流通未廣。印機劣窳之時。辦報者之目的。或在敷陳一宗之義理。或在維繫一派之政見。若今之報館則最大目的在得錢。此無可諱者也。惟辦報者所持之見解。足以造成一報之旨趣政策耳。當德皇弗力德列之未登極也。嘗著一書。力主世界和平之說。其書猶未出版。而身已躋於九五。乃覺己之國度。將促全歐而入於戰亂之漩渦中。已不足以治國也。而反受治於其國。今之大城市中大報之記者。其所處之地位。亦如此。蓋一報之行也。所費恆以百萬計。其行銷最盛者。所分之餘利。有自五百萬弗。至千五百萬者。夫其利益如此。故一報之領袖。其責任所在。必使其報不攖經濟上之失敗。一報之創也。投資者幾何人。今之領袖者特其一耳。故無論其所抱持之意見於己爲如何可貴。而必無權因此而毀其報。彼任記者之責者。其所懷之意見。與其所主之報。大抵相同者有之矣。然以求合於社會閱報者故。其私見之抑沮不發者。亦自不少。蓋閱報者之閱此報抑彼報也。即其所以矜寵之也。故閱報之社會。其所以定一報之政策者。實逾於一報之記者所得爲。苟辦報者而覺社會之所好尚。爲感情之報章。售額最多。則其所以供給社會者。當爲世所云之黃色新聞。猶之賈客賣布。主顧欲得棉則不當與以麻也。訪事人之所當履踐亦如此。爲希拉爾特報之人員。則宜爲希拉爾特報之格調。爲脫利賓報之人員。則宜爲脫利賓報之格調。爲太陽報世界報之人員。則宜爲太陽報世界報之格調。否則毋寧去而之他耳。苟其握管行文之頃。與其報之方策合。則其私衷何若。政見何若。所不論也。

此節所論與吾國報館之辦法稍殊。請讀者注意。譯者誌。

凡辦一報。其中人物。略分三等。行文者一也。校理者二也。程督者三也。大報之領袖。是爲總編輯長。時或簡稱之曰記者。總編輯長大抵以與股最多者任之。而亦兼爲發行人。編輯事宜與營業事宜。皆一身主之。凡報中之所載。責任皆在其一身。時或發其意見。由他人著之爲社論。以載於報中。社論部之言論。及報館之方策。皆是人所主持。

總編輯長之下。權力稍次者。是爲理事記者。爲館中執行部之首領。社會與報館相交涉。是人實首當其衝。執筆校對之事。理事記者所不常爲。惟指揮之而已。搜羅新聞以及付之刋載。皆歸其程督。凡總編輯長所不屑荷之責任。皆斯人荷之。當其任者。必其裁斷敏決。辦事幹練。而能獨創機軸者。方可勝任而愉快也。譬如不時於報中創新法。易面目。卽其要責之一。

理事記者之下。是爲本埠記者。收集本埠之新聞者也。又有電報記者。收集電報。此外尚有各部之記者。如戲劇記者。文學記者。游藝記者。商務記者。財政記者。不動產記者等類。本埠記者有訪事者若干人。電報記者則有通信員。分駐於緊要城鎮。各部咸有讀稿人若干。凡訪事人通信員所發之稿。均由讀稿人爲之校理。電報記者必甚大之報館。始有人分司之。以尋常論司其事者。大抵即理事記者或夜事記者也。

晨間發行之報紙。館中記者。有於日間執行其事者。如論說記者星期記者。各部之記者及讀交換所得之報紙者是也。訪事人之職務。始於下午一時。凡日間所受之職務。約至中夜而畢事。當日暮之頃。復有人入館辦事。是爲讀稿人。此曹所任之事責。有非外人所能悉者。實極爲重要。凡訪事人所送之稿。及寄館之電報。均讀稿人爲之鈔錄。每一報館。夜中所得之材料。恆過於明晨之所刊。小亦二倍。多或五倍。一稿未入排字房之先。必經節刪改易。其一如原稿。徑付刊載者。甚鮮。讀稿人之責。即在從中摘其可以刊登者。去其譏誹嘲謾有違禁例者。且爲書其標題。量加裁節。并察各稿是否語氣一致。不相矛盾。一稿既畢。即送入排字房。不及半小時。待校之稿已印成矣。

夜事記者。每晚第一應爲之事。在計算廣告之地位。及配置緊要之新聞於報中。苟有餘幅。則通知各部以彌之。其要職尤在核校初印之稿料。察其有無謬誤。讀社論中之論議。觀其是否與新聞語氣不相枘鑿。假其有疵。則不妨改易之。或抽出。俟改日刊載。或竟去之。或納之於讀者不甚著意之處。就大概論。夜事記者亦負電報記者之責。通信員如有電訊。夜事記者需以電覆也。

夜事記者至中夜乃益冗忙。時則第一頁需付印刷。而待校之稿料紛至。當一一爲之校對。又必發號施令。襄理者受命以擇稿料。歸入報中。總之夜事記者之責任極大。其裁決之識力必精細逾恆。乃能勝任。予友某者。雅有盛名之夜事記者也。一晚偶一不慎。以司土活女士（著黑奴籲天錄者）爲已死。刊輓詞於其報中。其實女士去死尚數年也。考其致誤之由。其時女士蓋病甚。而輓詞已夙備。不知以何因緣。竟入報中。於是讀者咸謂美國殞一盛名鼎鼎之女小說家矣。其實司土活女士未死也。特夜事記者一時莽撞耳。其他夜事記者致誤之道甚多。此所以非精細逾恆者不能辦也。往往報中以材料擁擠。當量爲去取。而去取之道。尤不可以不愼。印報房以時來索稿。而郵電乃無一至。斯時眞心煩欲死矣。

任本埠記者之責者。往往於數日前已取某日本埠之事情豫備妥貼。置小册一。凡本埠數星期後之要事。備載之。其任命訪事人也。猶大將之控御其士卒也。然往往有事。初非可以逆測者。忽爾遽見訪事人乃大忙。譬若城西大火。人財之損失者。無算。而事出夜中。報紙已大半印就。訪事人疾驅車至其地。怱怱叩道中人數語。卽以電話報告於館中。館中人就所聞草爲訪稿。時則夜報記者方在我倦欲眠之頃。至是又將張其惺忪之眼。一加料理矣。至若電報室中。則當總統選舉會開會之日。事情最迫。電政局於長篇之電報。例分爲甲乙丙丁。分段拍發。而報館中電報記者。往往未得乙。先得丁。或先得戊。其煩惱可知。

且又當有冷靜之頭腦。敏活之心手。去稿中觸忌之詞。修潤其辭藻。依一定之時刻送稿至排字房中。

大城市中之報紙。若在平日。辦事均有常經。無紊亂。無躁妄。猶鐵路公司之行駛汽車也。凡事悉有制度。意外之事至報館者最多。其能處之夷然者。則良報館矣。大抵報館中最艱巨之事責。皆屬於執行之部。故從事於新聞事業而獲酬最厚者。良將才也。非彼操三寸不律之文人學士也。

報館之領袖爲發行人。亦程督館事者也。館中營業總理。歸其簡派。總理之責。在刈收記者之所播種。質言之。推廣一報之營業。此總理之責也。總理之事責。亦分數部以司之。欲爲詳論其組織。其方法當自成一書。於此不贅述。分司之名目。如賬司廣告司發行司之屬。司各有長。一司或更分數科。廣告司中有廣告總理承徠人及書記。發行司中則有本埠總理全國總理等人。專司推廣報紙。盡其智能以爲之。

介立於編輯部。與營業部之間者。是爲機械部。部分數司。發送司專司發報。司亦有長。又有蝕鏤司。中有美術家及專門之技師。繪刻報中圖畫。校對室中。亦有專門之人物。此外尙有排字。造版。印、機諸室。室各有長。若部若司若室。雖分屬而實統力合作也。

美利堅全國人民。仰賴報館以爲生者。統直接間接計之。凡一百萬人。全國日報雜誌二萬餘家。館中人物。在十萬。以上每歲俸給傭値八千萬弗。據公家報告。一九零零年報館發行人共收入一億七千五百萬弗。其中九千五百萬弗爲廣告費。八千萬弗爲報資。報紙之流通日廣。然廣告費遠出報資之上。爲收入之大宗。一九零零年。日報雜誌之份數。共八十萬萬。若印成書籍。照極大之版式。可得四十萬萬册。

報紙發行於一國之中。然一報之費。時或超一國政府之行政費而上之。各大報之經常費。平均計算。每星期在二萬弗至三萬五千弗之間。紙張之價。幾與辦事之費埒。今紐約某報每歲印報之紙。長三十三萬七千英里。紙價一項。已六十一萬七千弗。全館每歲支款二百餘萬弗。仰而食者。男女千三百人。有時事繁。人數更增至二倍有奇。

吾前已言之矣。今之新聞事業。亦一種之營業也。故其辦法。亦與營業等。財政之基礎。不可不求其固。館中執事者。自總編輯長以下。無不支俸給傭値者也。營業機械二部之傭値。與執事工廠商號者不相上下。若編輯部中。則與大學教授幾相埒。惟不能與法學醫術中最高之報酬比肩耳。然當知從事新聞事業者。已獲厚酬時。彼從事於法律醫藥者。或尙苦志肄習。未見功成也。

夫新聞事業。以必需之程格言之。固文學上之一種職業也。然其選擇煩苛。任事之悠久與否。無定局。則又與商業似。其初十年。從事於此者。大抵先任訪事。繼作讀稿。爲一種零星雜碎之事。十年之歲月既過。則所得報酬亦甚優厚矣。如是者二十年。報酬復減。或竟失業焉。凡大城市中之商業。無不有裁舊員進新人之趨勢。而新聞事業中。其事尤視他業爲多。其有不然。則必學有專門。超乎尋常。而非靑年新進之所能敵。專門業者。或長統計。或博史志。或精政治。或深明泉市金融。或雅知圖書册籍。一言既出。而社會翕然。則雖頒白無恐。不爾無幸矣。然亦必精神體力。足以任苦耐勞。斯有以自存耳。

少年初從事於新聞事業者。第一年約可得五百弗。至七百弗。次年或倍之。假其任事誠善且精。則未及第三年。已可與久於其業者。並駕齊驅。自後年約可得三千弗。終乃爲新進所擠而去。此就紐約某大報言之也。然他報俸給不必如是之厚。我友嘗爲吾言。在紐約任新聞事業者。統其全而論之。平均每歲可獲二千弗。

此節自是指編輯部而言。譯者識。

美國大城市中訪事人。俸給經數。每星期三十弗。然此亦無一例之可論。卽同在一城之中。亦未必遂一例也。營業最盛之報紙。務在以最優之俸給。招致最良之訪事人。又以任訪事之責者。半多任他事而失敗之人。其數甚衆。故尋常之訪事人。報館得於一日間全易之而無虞無人以承其乏。雖然讀者幸無恐。果使志在從事於斯而學問才能儘足以有爲。無慮不能爲上駟也。

紐約城中有報館數家。理事記者每年可獲一萬五千弗。亦有年一萬弗者。執筆人之俸給。約自二千五百弗至五千弗。特派之訪事人。歲可得二千弗至三千弗。尋常訪事人。則在千五百弗以下。間有在一千弗以下者。支加哥 Chicago之理事記者。歲可得七千五百弗至一萬弗。執筆人約自二千弗至三千七百弗。城市記者夜事記者之俸給。大較同此。讀稿人之俸給。每歲自千五百弗至二千弗。各部之記者。約得二千五百弗至三千弗。訪事人所得自七百五十弗至二千弗不等。視其經歷才幹之深淺。他如波斯頓菲拉特菲聖羅易諸城之報館。俸給與支加哥者大較相同。若在小城市中。則又稍下云。

今美利堅全國。共有日報二千二百餘家。其中二千家。皆發行於人數在十萬以下之城鎭中。以英文刊行之報紙。館地所在人民在十萬以上者。僅一百八十家而已。凡素有經驗之新聞記者。欲歲得千五百弗以上之俸金者。當於此一百八十家中求之。即以賣稿論。亦惟此一百八十家中之最發達者爲欲得之耳。若夫賣稿於雜誌。則當別論已。

與報館立約。爲之作文。此在美國。但憑口諾。初無書契。報館可隨時辭絕。其地位之不穩如是。然其人有經驗而可信任。則不難更得新地也。俸給通例以星期結算。

新聞事業者。煩苛之事業也。從事斯道者。其心思其眼光。不可不時時專注於外物。柯立耳 John A. Cockerill 者。吾美新聞記者之幟志也。嘗云爲報館任事者。應絕朋友之親。棄交際之誼。無家族之累。其飲食其居處。皆宜在報館中。苟出館門。應以巨棒擊其頭顱。此其言可謂語帶譏諷而能扼要。彼爲報館任事者。事業咸在夜中。且任事之時間。較他業爲多。於社會交際之事棄絕者本已不少。苟欲爲之而有樂。則必深以其事爲可喜而奮力爲之。又以眠食無定程。其體質尤不可不堅強也。

今世人士。其視新聞事業。恆若可欣可慕。劇場歌臺有贈券。鐵路汽車有免票。或則與著名之女優共餐。或則與名世之偉人對語。煙斗也。洌酒也。恣吸恣飲。行樂乎中夜。昧者不察。以爲其事固可欣可慕者也。迨夫身入個中。乃知贈券免票之屬。不常有也。操勞之時日最多。俸給之所獲甚寡。雖欲飲宴爲歡。而苦不能。於是爽然若失焉。雖然。新聞事業。固亦自有其可喜者在。報紙者造制文明之利器也。以觀察世界之情形爲事者也。可以知人。可以論世。此在從事新聞事業者。固可賞心而悅目者也。所得之報酬。固不必在金錢。而身任促進文明之功。但爲其事。而報酬固已得矣。

今之新聞事業。其性質。其俸給。視前此固已大進。且有爲進方將之勢。前此五十年。任執筆之責者。月僅得十餘弗。最高亦僅至二十而止。與從事隴畝之佃夫。無異也。今則不然。但使有志乎此。而具中人之姿。則身入報館。生活亦自不惡。蓋今日新聞事業之人才。不在腦力之優勝。而在心力之敏活。假其具此。則成功卽在未遠。雖操券以待可也。

第三章　訪事人之造就法

凡爲大城市中報館之理事記者或城市記者。恆有人晤謁。詢館中是否需聘訪事之人。此事時而有之。然尋常求爲訪事之人。其多如鯽。而館中人員有定額。則此曹之遭屏者自多。卽或身爲記者所錄。則必其人能自證其諳於斯道者也。苟其初未從事於實習。則雖卒業於大學。抑深明乎世故。無望能任大報之事責也。辦報而能任甚優之俸給。其所欲得之人才。必皆精明之能手。固無取門徑不知之新進也。美國各晨報之新人物。大抵取之於晚報。而晚報之人物。則取之於鄉邑之日報館。凡以此也。

予今有一言。敬告求爲報館人物之青年。欲爲報館任事。入手應從何處。初無一定。卽入手矣。後此陞遷之遲速。亦至難斷。然苟於新聞事業。一無門徑。自覺絕無把握。則萬萬勿宜向大城市之報館求事業。卽求之人亦勿應也。

欲從事於新聞事業。道莫善於從鄉邑之報館入手。而入手第一事。則在採訪本埠鄰近之新聞消息。若在鄉間。則可從本鄉之星期報入手。從事於採訪。各村、各墟集、各小學校、以及俱樂部、禮拜堂之類。皆採訪所及之地。爲星期報採訪近地新聞。大抵不給酬金。僅報以本報一份。供以紙墨及郵票而已。間有酬謝。金亦不多。然欲學得收集新聞之方法。舍此更無善術。由此步步而上。他日身爲大城市中大報之人物。亦自不難。蓋凡事必歷級而進。新聞事業亦正如是。必先歷艱辛而後有成功。新聞事業本需專門之修習。非一蹴所可幾及也。

今欲爲讀者論任報館訪事者必須之歷練。則不如舉不佞所深悉之某君爲報館任事之歷史。詳爲敍述。用作模範觀之。其人姓氏姑隱。但以某君稱之可矣。

某君本農家子。深知任事當勤勞者也。一日偶記郮中瑣事。寓本地之星期報。（七日一刊之報）其記事甚細。某甲之牛以何時失。某夫人之疾以何時痊。一一詳盡。星期報錄之。是後遂不時爲之。某君之父本小康。然亦知兒輩教育之不可緩。籌措若干金。遣之入大學。自是某君遂在大學中任新聞事業。然猶不時寄稿至本鄉之星期報。既卒業。適某城之日報館需一訪事人。星期報記者以某君薦。某君自入報館爲訪事。自謂多勢多財之機會已至。然其時每星期之俸給亦僅十弗耳。

某君之任某日報訪事也。其訪事之責。不在城中。而在近郊。日中而出。日暮而歸。以訪稿授讀稿人。入報館數日。知二足之勁健。實爲任訪事者之要物。不爾者長日奔波。又何以堪。已而又知訪事不僅恃足力已也。此一絕良好之教訓。某君蓋於無意中得之。一日入一雜貨商之肆。照例詢曰。有新聞乎。雜貨商夷然曰。無之。此亦應酬之常語。本不足怪。顧某君是日方閒暇無事。且爲人善說辭。人不以爲厭。因與商人閒談。初言天氣。繼及田事。商人之詞源既引。因言是間適纔有一小驚慌。某銀行家之幼子。甫四歲。偶墮井。已爲其十五歲之姊氏越入井中救起矣。

某君聞言大喜。出其簿記之。商人曰。何爲乎。子乃以此爲新聞耶。墮井之幼童。初未傷也。某君有慚色。囊其簿。謂是誠不足記。迨晚返館。僅以五行之字。報告此墮井之事。已而館中記者編輯報料。睹此稿。握其藍色之鉛筆。問某君曰。事止此乎。墮井之幼子。後此何如。某君曰。其詳未知也。記者不懌。謂某君曰。姑再探之。試與幼子之父若姊談。此事頗有可記之價值也。

某君自是得一大教訓矣。新聞必如何而後能得。而新聞之有價值與否。當自爲裁奪。勿宜聽談者之褒貶也。彼徒恃足力。逢人便問有無新聞者。終於無濟焉耳。此任訪事人者所以必自持而又當具有探訪之能事也。

某君自經此番之良教訓後。因思曷勿將此新聞簡括言之。以寄之支加哥之大報館。既定策。是晚遂以一小時之餘閒。精心爲之。支加哥之報館。以來稿敘事鶻突可喜。錄之。未幾某君竟以此一小小新聞。得一三弗之匯票。自後某君遂屢爲之寄稿。亦不一家。間亦不爲報館所錄。然每經揭載。獲酬恆優於任本報訪事一星期之俸給也。且由此而大城市之報館。咸知有某君。此於某君前途實大有裨益也。

墮井之新聞。載本報後之數日。館中編輯總長以人召某君至其室。某君疑駭。自謂吾其已乎。顧編輯長之言。乃非某君始願所及。編輯長極稱某君之才。謂今後可任鐵路訪事。又謂每星期俸給。當增至十二弗。此時某君喜可知也。

某君自任鐵路訪事人後。未幾卽知鐵路上之寫生。蓋天下之至忙者也。路局之各司長。事責不如寫生之忙繁。雅好與同儔談論。獨於報館之訪事人則避之若浼。某君尤知路局中之司事寫生。不欲與報館中人晤談者。深恐露一機要。自失善地。故寧緘口而不言。然某君任事之報館。鐵路訪事最少。終不可無新聞以報之也。思極忽得一策。謂不如往訪路局要人。詢專事。得專答。強似與司事寫生斷纏不休。一無所得也。

策行果大效。蓋路局要人於事涉公衆利害之端。義不應拒而不對也。尤知此種新聞。一經報紙登載。不啻爲路局揭一廣告。故路局中人亦自然而然有問輒告。未及一星期。報中不及半欄最乾枯無味之鐵路新聞。竟擴充至二欄。讀者其味醰然。有時且刊於第一頁中。大書特書矣。

一日某君行道中。偶聞鐵路肇事。已即平靜。有局中小使。承總理命。招某君。總理曰。路中適有小故。瑣屑不足言。幸勿登報。實感高誼云云。某君自得總理諾語。果絕不提及。並城市記者亦不之言。不意明晨他報載其事。則所謂瑣屑不足言之小事。正一甚足言之大事也。是日館中城市記者頗有責言。某君乃謂事固知之。以受囑未奉告耳。記者嗤之。謂若猶非訪事老手。此事正足見鐵路辦法之未當。胡竟不言。某君受詰責。無一言可答。但有隱忍而已。心中自語曰。

有人請以幸勿登載告者。敗吾事矣。

已而某君受命爲法廷訪事。復得一絕良之教訓。有某者。當地之士紳也。一日沈醉。顚頓於道中。警士扶之歸。某不聽。且撲警士。事聞於法堂。科罰五十弗。某謂某君曰。此事果使室人知者。將不了。此十弗之鈔。幸納之。聊作雪茄資。但勿將此事登報可矣。某君不期而伸其手。顧此十弗之鈔。乃令人步履亦爲之不適。以覺其大如鞠球。一步一蹉跌也。迨既返館。傾其事於本埠記者。出楮幣置記者之案。記者無言納幣封中。却還某紳。中附以書。略謂足下以資授訪事之人。卽行賕也。殆未見及此云云。既乃謂某君曰。書其事。某君頭腦自是復歸於冷靜。心中自言曰。凡人行誼。當於事前。自加評量。迨既嬰禍。而請託於報館。迴護其名譽。人已兩敗。滋無益也。

法堂之地。其最足以摩練訪事人之才幹乎。彼高坐堂皇者。於夫婦離婚之事。苟事出名門。則諱莫如深。不令訪事人得其要領。若兩造皆沒沒無聞之人。則又昌言不諱。蓋明知報館不之重也。捏造飾詞。以待訪事人。人不以爲非也。即教會之牧師。亦有然。假有新婚之夫婦。成禮甚祕。則主婚之牧師。即亦閉口而不談。要之。世常有人不欲使新聞事故。揭載於報紙。則恆設周防而嚴備之。身任報館訪事之責者。不可不有以打破此關也。某君任訪事久。於人心隱微之地。知之稍深。迨後改任政界訪事。乃愈知人心不同。各如其面。不可以一概相量矣。

某君既任政界訪事之責。乃覺政界中事。與他所絕異也。新聞事故。不求自來。坌集而至。不一其方。凡在政黨中人。輒以黨中眉目之列傳相告語。夾敍夾議。而其辭則皆揄揚一派。終則謂誰某誰某之前途甚遠大也之類。且其辭皆極美潔。不施鈎乙。即可立刻付刊。顧某君斯時已成一老練之新聞家。受欺良不易易。其審別是非眞僞之界限甚精。而新聞與個人行述之別。辨之亦審。又知政客之所爲。其事恆背人天之大律。而作惡奸欺之徒。又不必盡在一黨中也。

尤知身任訪事。無論何種政黨。皆不可入。一入政黨。則其操管記事之頃。無在而不倒置是非。混淆黑白矣。即云心安理得。未必果心安理得也。

至是某君已從事於新聞事業者五年。於訪事人中已爲甚有歷練者矣。其記事也。語氣平易言無枝葉。苟遇姓氏。爲向所未習。則熟識之。勿使有一字之訛。蓋天下人之惡報館訪事。無若惡訪事者之誤述人姓氏也。人有所述。不可盡信。必自往搜討。文中亦不復有一己忻厭好惡之辭。深知讀報者欲知新聞也。不欲知述者之私意也。每言一事。故。亦無須加以黔垩。如黃色新聞之所爲。而報館政策。亦一讓館中記者自表之。不復於新聞中生其呶呶。綜言之。某君斯時已足以任重責矣。

其時某君俸給每星期已二十弗。小城鎭中報館訪事之酬勞。能得此數者良鮮也。某君復以餘時。寄訪稿於大城市之報館。略得分外之獲。本館亦優容之。謂但使不負吾事者。此亦未爲不可也。一日維起他 Wichita 之大報館。來電聘一電報通信員。本館之記者。即以某君薦。俸給以訪稿所佔報中地位多寡計。某君自此獲酬乃益厚。未幾復同時任康叔司 Kansas 數家報館之通信員。顧責重事繁。終日勞碌如奴隸。維起他報館之記者。馳書告之曰。苟來此任我事者。每星期請以二十五弗爲壽。某君納其請。自是專爲維起他報任訪事之責矣。

某君初至新地任事。以甚生疏。乃無暇晷寄稿於他地之報館。已乃兼任他報之電報通信員。尋知苟有餘暇。專爲他地之報寄電聞。所得報酬。且倍今俸。因辭館事。但爲外埠各報通信。不專任一家事。如是者一年。寄稿者十餘家。月可得百五十弗。自謂向所未料云。

越一年。支加哥報館。以厚幣敦請某君爲訪事。某君斯時交友既廣。文工敘事。而人復正直可信。宜其爲支加哥之大報所契重矣。會古巴有重要事起。某君復受遣赴古巴。爲特派員焉。

已而西班牙與美利堅以古巴事失和。某君任戰地通信員。某君之名益噪於衆口。旋議和。某君返國。任紐約某報訪事。其初每星期得四十弗。繼後增至五十。未幾受遣至華盛頓都會。任通信員。每星期得六十弗。其任事之奮發勤懇。一如當初得十弗時也。今某君已娶婦。自購一報館。爲業。他日或遷紐約大報館之理事記者。歲俸一萬五千弗。未可知也。

某君任訪事之道。亦卽他人欲任訪事者之常道也。誠欲求爲絕良之新聞家。其道卽在躬事實習。此實不二之法門。其餘無足論也已。今美國大學校有設新聞學專科者。此於斯道。亦有小補。函授學校之新聞學。教之得其道。亦自有用。然終無物焉。能授新聞事業之學問。成效昭著。如前文所陳之躬事實習法者也。新聞事業猶梯也。扶級而上。自無論何級皆可。而不如從最末之一級歷級而上之爲愈。

城居之青年。欲入報界者。宜於星期日之日報。試爲之。此亦萬不得已而爲之。

然其事良難。初爲之易令人失志。大抵先從作文入手。文非論時事。乃古史哲理之類。然報館未必果取以入報也。久而久之。或漸得門徑。然其事亦如前引之某君。需積久之時功。且未必遂能如某君之透達無遺義也。有志爲此者。但有堅忍以赴之。不屈不撓。庶幾經驗以富而成功可期也。

若夫常法。則惟有從鄉鎭間報館入手而已。鄉鎭間之報館。即新聞事業之小學校也。且旣爲鄉鎭間報館之記者。抑訪事人矣。時亦可寄稿於大城市之報館。與其記者旣習。則他日量移固意中事耳。今美國報館同盟會之鄉鎭通信員。大抵卽鄉鎭間星期報之記者或訪事人。亦以此故。不佞稱之曰不二法門者。非誕說也。

此在美國。鄉鎭間之星期報凡一萬三千餘家。其事自然易辦。若在我國。則並一家而無之。尙復何論。故養成訪事人通信員之法。必當別論。此篇所陳。但能留爲他日我國新聞事業極發達時之參考。今非其時。讀者姑存之可也。譯者誌。

篇中歷引某君任訪事人之歷史。其熱心。其誠懇。其所遭之試驗。其所抱之胸襟。大足爲我國充當新聞事業中要職者之考鏡。幸注意焉。譯者又誌。

第四章　探訪

從事於新聞事業者。由訪事入手者十居其九。而爲鄉鎭間報館任訪事入手。亦五而居四。此予前篇所詳敍者也。當某君執事於支加哥報館之初。在訪事人中。已爲極爲幹練之才。然亦自入支加哥報館後。其資格始臻於老到之一境。

某君入支加哥之報館。乃知報館者。非民政。非共和。而實專制政體也。當有事時。非得城市記者之特許。卽一館亦不得進。且晝夜皇皇。於所事無一寸之停晷。編輯總長者獨裁之君主也。各部之記者。亦各自爲所部之獨裁君主。城市記者。即館中本埠新聞室之札爾。俄皇之稱然權力誠大。責任亦重。環本埠百里之地。皆城市記者耳目之所及。其責任顧不重哉。惟城市記者之責任。咸分寄於訪事人。已獨總攬其成而已。

某君初入支加哥之報館。惴惴焉惟恐措置之失當。不足取信於記者。故其任事尤謹。其心意乃益敏活。其察觀一事。眼光恆以報館爲準的。其敍述一文。運思能極捷而不紊。每晨二三時間歸臥。心力已交瘁。迨午間十一時。起而就餐。則又抖擻精神。準備從事於探訪矣。

與某君共館之城市記者。良記者也。某君藉記者之識力。評斷新聞之價值。受益非鮮。每當被遣時訪一事。返館後第一即以探訪所得。以節略口語記者。語宜極簡。記者凝聽畢。轉瞬間其事之價值已了了。於是酌量報紙之篇幅。令訪事人筆述之。少則百數十字。多或千數百字。某君爲之既數。亦能自度其訪件之價值。不復徒費時刻於無緊要之瑣節矣。且報館訪稿。無取浮辭。空佔篇幅。

某君文體。由是乃益趨簡潔。欲訪稿之修。不得不求採訪之詳矣。彼以辭氣支蔓見長者。中下之駟。不足論也已。

尤有一事。爲訪事人所難能者。親面一事之要人。而刺取其議論見解是也。是曰會晤。某君一日晤一傭工罷市之領袖。其人初亦滔滔而論。則正某君之所欲聞。因出紙筆擬就其人所言。逐字記之。其人睹而大驚。語中輟。百端引之。言不復言矣。其人固知某君爲報館訪事之人。然陡見紙筆。欲摭其言入報。遂懾不敢言。某君無術。歸而以會晤失敗告記者。記者又有辭矣。由是某君乃知會晤之頃。紙筆宜納囊橐。萬不宜輕出也。後此某君以善與人會晤著。以下數節論會晤之法。皆某君之言也。

以報館之訪事。會晤一事之要人。而探其意見。一八五九年。紐約之希拉而特報實創之。當南北交鬬之日尤盛行。亦近世新聞事業一特色也。此法肇始於美國。英倫之報館。初甚非之。近則倫敦報館。亦競採用矣。會晤亦報館採訪新聞一種之器術也。然恆不免於濫用。而劣敗之報館。不負責任之訪事人爲尤甚。苟用得其道。則亦甚善。

訪事人以某事問。人以某事答。如此徑情直遂之法。已成死法。今法則務在將問答之辭。如小說家之章法。排比成文。一面以其人之身材服飾。以及居處情形。夾敍其間。如此則枯燥無味之問對。興趣倍增矣。談者詞涉冗長。無當緊要。則宜節之。有非局外人所能明解者。則宜隨加釋略。間或語删而意猶明晰。則竟去之可也。

會晤之事。語之非艱。行之維艱。訪事者一遇當意之人。與論某事。無取逐字逐句。一一強記。最要乃在得所談之精意。與談者之情狀。必甚關緊要處。或語涉專門。始宜引談者自用之語。應手記事册與否。則隨情形而殊。能當時不用最妙。乘訪料尚留腦影之際。即按前法記述成文。文中字句。不必皆談者所言。然使爲之甚善。視用速記法記出者。讀之爲有意味也。

會晤難事也。欲見其人。有時已甚難。更無論見而引其語。大抵會晤之人。可析爲三類。有傾談無已者。有不甚談者。有絕口不談者。苟其人詞鋒一引。卽宜傾注全神。聆其所語者何。其持論何若。或涉統計。則宜錄其數量。有警句則記之。詞源偶斷。卽宜引之。若尙有他問。尤宜牢憶在胸。迨返而思及。追悔無益也。會晤之事。雖在極有經驗者。猶不免沁沁汗出者。以此未見其人。應先將待問之詞。一一擬及。談者一發吻。卽當緊記其言。歸而草文。自然可觀。談者如有恆引之口禪。文中亦不妨引用一二次。則尤見精神也。

草會晤之文有二法焉。以談者之姓氏及會晤之時地。冒首循序而下一也。將談者之要句。冠一篇之首。然後徐述言者爲誰氏。與言此之事故。又其一也。然無論何法。斷不宜將談者一字一句。一例和盤托出。此最緊要。蓋能與要人面晤。而將其事其言。一一描寫盡致。此自是訪事人一大得意事也。

迨後某君爲紐約某報任訪事。則已能任最重之役矣。凡所採訪。必以大字刊於報中第一頁。某君之任事尤勤奮。然時或長日採訪。乃一無所獲。報館既得能手。則亦給俸不吝。時或訪一新聞。字以數千計。終日奔波繕錄。一無停候。亦無餘晷進飲食也。一日紐約之市廳。以嫌疑生謗。某君訪其事。可一星期積材甚富。於市廳之陰私。抉發無遺。報館記者欲先他家布其事。囑某君立草其文。約於六小時中成萬餘言。夫時間如許其短。文字如許其修。伊誰能爲。而某君頭腦清醒。成竹在胸。竟口授其文。令速記生數人。以減筆法出之。此因某君於採訪所聞。經已爛熟。故能措之裕如。在尋常訪事。不能爲也。

凡訪事人於午後應採訪之事。爲之既訖。忽忽就食畢。復有晚間應訪之事。大抵至夜中而卒事。此常例也。一日黄昏七句鐘時。某君與其同事數人。突受命同訪某河渡船。倏爾沈沒事件。船中乘客可數百人。某君與同事者。立於街頭命車疾驅至河畔。僱小汽舟一。開機力駛。轉瞬抵肇事處。時則渡船之汽釜已裂。船旁亦開一大孔。船主與其船伙。力推破船近岸。緩緩而沒。迨某君與同事者至其處。船已仰翻。船艙與操舵室尙在水面。男婦攀援其旁者以百數。亦有翻落河中。疾泅赴岸者。而將溺之人。尤大聲呼救。沈船之四旁。小舟紛紛蕩槳施救。某君所僱之汽舟。亦與其事。乘客一經被援。卽叩其姓名居址。記之於册。當登赴水步時。則詢以船中情狀及其感情焉。

墮河者既被救。某君復促其舟進泊沈船之旁。船主時尙兀立上仰之船底。謂非餘人俱被援者。決不棄其船。某君一躍至船主立足處。與之略語。乃下。語雖略。顧甚可貴也。明日各報載沈船事。某君任事之報記最詳。爲各報第一。卽此晤談片刻之效也。船中共傷亡幾何人。某君所擬度。亦因是視他人爲近云。

斯時司汽釜之機匠。則已亡矣。其人家居何地。某君固已於船主處得之。夫渡船之沈沒。必有其原因。意者沈船之機匠。或嘗以汽釜之不善。告其家屬乎。某君因謀自往視之。於是同事者歸館草訪稿。某君驅車至機匠家。機匠之婦至門首。笑迓來客。某君知尙未悉今日惡消息也。自通訖。見有兩小女郎及一幼童皆秀髮美目。嬉笑而入。駐足窺來者伊誰。某君微歎。徐徐語今日事。謂夫人今者孀矣。卽子女亦成孤露之兒。婦笑容遽斂。顏色暴變。歡樂之家庭。頓變爲傷心痛哭之地。後某君告人。自任訪事。以死耗相報。亦非一次。獨此遭最爲難堪。當時不啻以刃刺人。自爲兇徒云。

報館之訪事。猶軍中之士卒也。意所不欲爲。亦必爲之。何則。責任則如是也。卽如某君以沈船事告機匠之婦。豈得已哉。婦旋語某君。謂亡夫固嘗屢以汽釜窳敗相告。不改善者。身死且將從之。某君斯時已一老練之新聞家。遂決定此次肇事。當歸咎於渡船之主人。責有專歸。某君之一夜忙繁。乃爲不虛。是夜草訪稿。盡所知均入其中。館中理事記者。及城市記者。深韙某君之見。未幾擢之爲華盛頓機關部之主任。

某君之歷史。不佞所爲言之不嫌其絮者。以大足爲訪事人之模範耳。然只此已足。後此亦不更述矣。然當知爲報館訪事。身之所經。往往瑣屑不當意之事。

日而有之。若前文之所引。固不常有也。或有重大事件出。則雖讀稿人及握筆之記者。亦且出而採訪焉。蓋大城市之報館。猶行遠道之舟也。司舟之人物。非老於其事者不辦。自船主以至小伙。一也。舟在狂風大浪中。必人人互致其力。期得勝利。訪事人所任事役。有至苦極困者。請繼此言之。

世有謂報館之訪事人。如塊肉餘生述中之密考伯。終日閒行於街市。狀甚蕭閒者。此實大違情實之言也。凡在大報館。於採訪新聞。有一定之法度。初不紛亂。訪事人訪某事。見某人。一皆聽命於記者。蓋訪事人猶記者之手足矣。或又謂訪事人有會必赴。有筵輒與。故於時流言論。知之最詳。不悟訪事之人。每逢會集。必先面見演說之人。叩其說辭之大要。或得其演稿。摘取要點。草爲訪稿。初非飫聞旣竟。始爲之也。或有宴會。往往面其主人。就會所略視。據散布之秩序單。而記其事。忽忽卽去。不久留也。

報館之知社會事情也。其法亦多矣。或由電話。或由電報。或由郵信。或由親朋之告語。或披覽遠近各處他家之報。以求未竟之新聞。或尋繹其中之報告。察是否將有新事情發生。至法堂及警務新聞。自有專人日往採訪。亦有得之與一事有關係之人物者。然天下事。往往有爲與有關涉之人所願終祕。不欲爲公衆所具悉者。報館於此等事。乃不得不賴老練之訪事人矣。社會中人之奸欺譸張。不肖官吏之枉法貪婪。廉察而明揭之。皆屬此種。

凡將來之事可豫知者。報館有册記之。宜於何日揭布。亦先豫定。此册蓋不啻報館於未來數星期之報紙。所造之雛體。使爲之而謹愼有法度。則報館於新聞事故範圍所及。必甚廣且大。而本埠新聞爲尤。然未來之事故可以逆知者。是否册記得其道。揭布之時日是否不落人後。不可以逆知者。是否採訪敏捷。而又適當。此皆視報館記者之能事。抑亦記者之專責也。方今交通之法。日益便利。苟有事故。報館匪所不知。故報紙之優劣。視選擇訪稿之優劣而已。能於好題目。鋪張詳密。而又信實者。其報紙良。不如是者。其報紙劣。報館中人。期報紙之不劣而爲優。則日日勞精疲神於有限之時間內。務求於好題目上鋪張報告。詳密而又信實可恃。此其事所以難也。

爲報館編輯部中之人物最寶貴者時間。當印刷之時刻已屆。館童催促再四。握筆疾書。書已。亦無覆閱之餘晷。館童力攫而去。一若應受驅策者然。此非頭腦冷靜。心志專一者。何能勝任乎。午後發行之報。任事者尤繁劇。以時間視晨報爲短也。假其編一新聞故實。二三分時之延誤。卽足爲成敗之差數矣。

任晨報之訪事。一至中夜。宜若可以蕭然無事。從容就食赴寢矣。雖然、未必果如是也。火警之鐘。丁丁亂鳴。乃不得不披衣而出訪。倦眼惺忪。跋踄黑巷狹路中。久之乃抵起火處。百忙中覓得司夜之警吏。叩以火之所由起。造焚屋之主人。詢屋值及保險之費。面救災之火吏。問火之如何息。於是更歷數十之人家。始得一電話器。以詳情報於本館。刋之明晨之報紙焉。或當火勢熾盛之際。牆圯傷一火吏。則其人之姓氏住址。又不可以不知也。其如何墮。如何死。又不可不以一枝妙筆記而出之也。

一日十二三時之操勞。至是而告畢。迨入黑甜。紅日已曈曈。未交午刻。又須起而就食。操勞如昨日。如是日而爲之月而爲之。久之則亦視若固然矣。

美國報館。星期日發行如常例。而星期一之報。亦須於先一日準備。故報館中人無有於星期日全體休業者。常法。人各於七日中。得一日之休暇。非必星期日也。夫訪事者俾晝作夜。俾夜作晝。而其星期休暇之日。或在星期五焉。星期二焉。此於社會交際之事。不亦甚不便乎。雖然、亦自有其可樂者在。事固非易。而於心志敏活者。自覺其可喜也。青年學子。欲入任何之文學界者。報館中所經之教育。實最良之教育也。

報館之訪事。猶本地之史家也。凡所記事宜信矣。而不可無生氣。遇一要節。不可不以不甚要之節目串插之。經緯之能如是。則記事自然靈動有生氣矣。今日報館所渴望之訪事人材。即是此種。

爲報館之訪事者。最與人事習者也。人世中種種邪正善惡。一切喜怒哀樂。獨報館之訪事。知之最深最切。然習之久者。易淪於厭世。視社會若無物。情感日漓。不足以圖高尙之文學事業。此其蔽也。

苟訪事人之訪稿。樸茂而飄逸。奕奕有精采。雖不甚信。讀者猶將優容之。或信矣。而語氣質鈍無生氣。人亦未必以爲忤也。能信而筆足以達之。流利輕倩。不濡不靡。斯爲良材。最有成功之機會。反之文劣而事不眞。是爲新聞事業中不可恕之罪。若此者流。報館ㄣ無容足地也。

第五章　新聞訪稿

訪事人於所採訪之新聞。宜若何編造。自有一定之大法。猶之詩人構詩。小說家著小說也。然新聞之目的與其形式。與小說雜作大殊。學者不可不知。凡一小說。其起首輒就無甚緊要之端。一一鋪敘。直至篇末。龍睛一點。破壁飛去。始令閱者拍案叫奇。至新聞則不然。其始卽宜將要點敘入。已乃逐漸述其不甚要者。小說家務在將一事結局。傾吐於末回。新聞家務在盡所知之事故。臚陳於篇首。小說家之紀事。以年月之先後爲先後。新聞家則以最近之事情列首。而後追溯已往。此爲從事於新聞事業者第一珍祕。請讀者注意。

凡一新聞。宜將要點列於第一句。無論一新聞之修短何如。其精髓統宜歸入第一節內。所謂起承轉合之法。學校生徒所兢兢者。於新聞家無當也。凡「何事」「何人」「何地」「何時」「何故」之答語。能概括於第一節內最妙。如是則雖餘皆割棄。而此第一節仍一完全無缺之新聞也。此爲新聞文體最大法律。違此者惟有終淪於失敗而已矣。

是律也。美國之大報館皆遵循之。無敢或背。雖然。法律者死版文字也。善用此律。端在乎人。苟不爾者。千篇一例。人亦厭倦之矣。夫報館者以日日新。又日新。自相期勉者也。獨此最大法律。殆無可易。雖謂之金科玉律可也。初學訪事多失敗者。以昧於此律故。館外人物所投寄之新聞。每遭屏棄者。亦以昧於此律故。凡欲從事於新聞事業者。請於此加之意焉可也。

初學訪事者之大誤。第一在依時日之先後而紀事。不悟宜以新聞中之要點作始。第二在遺漏人物地址時日三者之一於不敍。學者若能舉此三者。以入第一句。而將新聞之樞紐。統包於第一節。則大致自然不差也。

設有女子見虐於其夫。棄而不理。終以飢寒交迫。怨抑無可告語。自殺而死。此事若以新聞文體紀之。第一句應曰某某女子。昨晚飲毒自盡。死於某街舊居之階下。切勿先敍其結婚之始。抑見虐於夫。起於何時。如小說中所爲。將此慘劇之故實。與其原因。先行記載。數行已足。若報有餘幅。則更於第二節中詳之。總宜將新事物。先爲敍述。人所已知者。則納之於最後。若其事已於晚報中見過。則明日晨報。又當稍變其格式矣。

報館之於新聞格式。必如是爲之者。有二故焉。新聞甚多。報紙之篇幅有限。一也。欲使讀報者易於觸目而促其注意。能於短少之時間內。知其事之大要。苟無暇晷。則往下即可不讀二也。

辦報者無論報館之大小何如。循上法者必有大效。尋常讀報之人。每日讀報之餘閒。至於二三十分鐘而止。而於世界近事。皆欲略知一二。苟報館不以此進。其將何以給其求哉。且光陰者黃金也。使報館之於新聞。猶用拖沓不得要領之文體。誰則願以可貴之時間。空廢之於讀此無謂之新聞乎。

夫以新聞之衆多。而又皆有待於刊載。故新聞之文體。不得不如上所云云之格式。亦勢也。假其報已排板。而忽有二三欄之要聞。突然而至。則不妨節去其餘新聞之第二節以下者。而將新至之要聞。全行排入。此不猶愈於將全報重行删訂。或割棄新至之稿乎。

初任訪事者。及鄉鎮間之通信員。每以不明新聞文體之正當格式。訪稿爲報館所屏棄而不錄。使於上文所言而有明。吾知其必無失敗之虞。且有成功之望也。苟訪稿而善。雖入館甚晚。猶可冀其登載。既劣且遲。斯無望矣。夫訪事人自以能得新聞。爲第一要義。然既得新聞而後。尤當知所以敍述之法。能以極短之時間。成一極合格式之訪稿。是爲前途有望之訪事人。

自此以下。請略述報稿付刊。所當注意之點。其事有甚淺近者。然易爲初學之所忽。故不憚並舉之。幸讀者勿忽忽讀過。所舉諸事。務求習之極熟。能爲之合法。而若不自覺斯爲善矣。

付刊之稿紙。無論若何。不宜二面並書。卽使一頁之末。但餘五六字。無地可容。亦宜易一新紙。蓋報館之於文稿。每將一稿。析爲若干。分付多數之排字人排之。若二面並書。所起紛亂。將何如乎。稿紙之大小。以寬六寸。長九寸爲率。報館大抵備之。鉛筆墨筆。用之無不合宜。惟無界線。

文稿卽以鉛筆書之。亦無礙。惟字體宜清楚。筆鉛宜輭且黑。字體模糊。爲報館記者所最忌。訪事人大抵用輭鉛筆。今美國之大報館。於訪事人咸供以打字機。訪稿總以打字機出之爲善。卽館外寄稿。亦大率以打字機出之。然苟書法清楚。則用鉛筆墨筆。亦自無礙。

西國字母符號之類。爲數不及五十。故能用打字機。隨意卽成文稿。在中國殆終無其事矣。譯者識。

書法草率而模糊。人不能識。此事最宜戒之。新聞記者。固苦此類之書法。而排字人尤苦之。人謂排字之手民。除楔形文字外。其餘無論如何屈曲之文。彼皆能識。此亦奮言耳。手民卽能辨別屈曲之書體矣。亦難保其不誤。

勿惜紙。每頁上端宜留白半寸許。左旁及下端亦如之。上端宜留餘白者。以須黏合也。左旁及下端。則留以待讀稿人之鈎乙。各頁字數。宜大約相等。則一稿之修短。可按頁數而計算。稿紙宜按次序。記其頁數爲幾。

稿紙宜平直。摺捲皆非所宜。若稿由郵局寄遞。則宜縱摺之。萬勿捲之如軸。蓋軸捲之物。郵寄易於遲滯。且一捲不可復直。甚不便也。

文稿與書函並寄。宜分書二紙。函以簡短爲貴。過多則病。稿之可取與否。記者自定之。勿勞寄稿者嘵嘵也。勿謂吾稿成於俄頃。以自矜喜。亦勿言需錢孔急。請購我稿。勿論飢也寒也。聾𤸇殘疾也。一家有待餬口也。言之要皆無益。報館記者之身分。卽視所刊之稿。以爲高下。彼不能因人之籲求。而自損其名也。慈善事業。彼固自有他道以爲之。綜言之。投稿者之書函中。實無可述。但於第一頁之右旁。記一己之姓氏住址。附以退還原稿之郵票足矣。

文稿稍加竄改。亦自無礙。若字數甚多。則宜將原稿加入處裁開。將新加入之文。另紙黏補。若因之紙有長短。宜將較長之紙向前摺之。與他紙一例。若向後摺疊。易爲手民所忽也。

如原稿有圖。能將圖片黏貼稿中恰當處最佳。否則但留餘白。將圖名記入亦可。

一篇之文稿。有時或析爲若干節段。此因一節。自成一段文字之故。分之之法。

人各不同。然亦不外每一論點。自成一節。要之節段多。自愈於節段少。美國報紙通例。每節不逾二百字。若係問答語。則言者易人。卽宜分爲段落。不拘語之多寡也。

若稿中有涉及一已處。可逕用我字予字。勿言僕某。若稿末署名。則稱記者。或訪事人。通信員。視稿爲誰作而定。然能不用最善。不署名之稿。不能用我予我曹等字。作社論者。文中自稱記者。今亦大有廢棄之勢。

字繁而意寡。此大患也。能將欲發之意。出之最少數之字。其人最爲有成功之望。詞達而已矣。無取冗雜也。但使我意已極簡潔明瞭已足。多言無益也。尤有進者。文體毋求奇衺。文字毋尙古奧。新聞事業中如此。其他之文學事業。亦如此。新聞事業。但有求平易曉暢之文體而已。

報館之訪事人。有十誡焉。順之者吉。逆之者敗。請列左方。以結斯篇。

一　一新聞之要點。宜盡納於第一節內。

二　務求意言兩盡。不蔓不支。而又極明晰。凡一語須讀二回。而後能解者戒之。

三　新聞內勿得加以批評議論。一己之忻厭好惡。萬勿闌入其中。

四　新聞勿爲捷足而先得。然忽遽及不足徵信之言。皆宜戒之。譭謗之語。尤所禁忌。

五　新聞務求其信。戒揑飾。疑則別探之。報紙多傳聞失實者。以訪事人徒聽一面之辭也。

六　宜每日讀報。（論說在內）亦應爲之事皆爲之。且時求所以改良之。

七　勿爽約。勿爲不能守之約。

八　任事宜勤勞。宜服從命令。以一己之名譽爲界。

九　宜自尊所業。遇人宜忠篤。無所嚴憚。勿因己爲訪事而謙抑。亦勿因己爲訪事。而冀獲分外之矜寵。

十 宜自尊。宜養善習葆健體。修令德。習禮儀。志趣尤宜高尙。

原書十誡之前。尙有數節論文稿中應加注意之點。以與漢文不合。故酌量節去。譯者識

我國辦報數十年。至今日而益盛。訪事人有否能守前文之十誡者。願讀者有以語我來。譯者又識

第六章　新聞業同盟會

美國各日報。每日咸載有新聞業同盟會所轉遞之新聞。此人之所知也。顧所謂新聞業同盟會。其組織之性質何如。事業之範圍何如。知之者蓋鮮。新聞業同盟會者。全世界中搜羅新聞而傳布之之最大機關也。創立於電報發明後之四年。無電報之發明。是會實亦無可以自存。始於美國。今則文明國皆有之矣。惟命名有不同而已。然美國之會至今猶爲天下之最大者。以其與他國之報會相聯合。故每日各報所載新聞。不僅美國之新聞而已。全世界中新發見

之要事具載焉。美國之大日報館。每日均有是會所轉遞之電聞。此外尙有各館專員所寄發之國內外電報。其制度亦極完善也。

我國之報界俱進會。性質甚與新聞業同盟會似。又露透電報。乃私家採訪新聞之會社。與公會不同。譯者識

世界一切有用之品物。莫不由進化而來。美國之新聞業同盟會。亦其一也。當一八四八年之末。紐約城中各日報館。公立一會。曰紐約報館聯合會。公訂契約。議定某某類之新聞。由各家共同刊載。費由各家公支。已復與他埠之報館聯合。由會中遣專人駐於要埠。以輸送新聞於聯合會。而他埠之報館。亦各願以新聞互換。每日行之。是法行未久。而成效大著。會以外之報館。紛紛求爲會員。或出資購聯合會之新聞。求不落人後焉。

未幾他埠報館仿行是法者。相踵而起。與紐約之聯合會。以新聞互換。聯合會之勢力。㬠㬠日盛。於是復有統一新聞會者。起而與競。而紐約新聞聯合會。方

有內訌。競爭不已。久乃聯而爲一。自創立後十載。基礎大固。於依利諾州政府註册。範圍所及。通於全國。是爲新聞業同盟會。至一九〇〇年。復依紐約州法律註册。新聞業同盟會之略史如此。

夫紐約之新聞聯合會。本一地限於一區之事業。浸假乃成爲通於全國之專利事業。此其遞嬗進化之跡。與美之製造工業。無以異也。雖然。有大別焉。新聞業同盟會之組織。非以爲利也。其股票人不得購逾八股。購股者必報館之業主。而是報之新聞。又經訂約。可爲他城會員之所轉載。故新聞業同盟會者。實近世最巨之聯合事業也。

新聞業聯合會之總理事。年俸一萬五千弗。設總機關於支加哥。副理事則駐紐約。全國析爲若干區。區各有長。會中俸給有定者六百五十人。照訪稿篇幅多寡給値者。數亦如之。散處於全國。國中凡有報館之地。無不有是會之代表。會有特租之電線。遍於通國。密如蛛網。日線總數長九千三百英里。夜線長二萬四百英里。今是會會員約七百家。

至是會之聯合制度。其運用方法。亦甚簡單易明也。譬如星星乃的Cincinnati之與會報館。自有本館之訪事人。及特派員。採訪本埠及近地之新聞。而同盟會之代理人。得檢閱其已印待校之報稿。擇新聞中之可採入他州報紙者。寄至支加哥紐約等城。由支加哥復寄至聖路易舊金山。同時星星乃的之報館。則自美國其他城市。而接獲此類之新聞。新聞之中心點。端推紐約華盛頓。一爲財政大都會。一爲國事大都會也。同盟會於此二城。各設有機關部。所有新聞。均由專租之電線傳遞。以達於各方。

若在大城市中。是會自雇有電報生。專以新聞書於薄紙。由地底氣管輸送其稿。至各報館之電報室。以支加哥論。每日接遞新聞。至五萬字。然各報館。初不盡載之。棄擇自有主裁。館而不同者也。每年需費約二百萬弗。視會員業產之多寡而分配之。

凡在大城市中。本埠報館。自設一公會。搜羅瑣聞。各報並載之。同盟會與此種公會聯合者頗多。亦與露透。哈勿司。胡夫諸家。訂有特約。自倫敦以至羅馬君士但丁。消息亦甚靈通。寄遞方法。與國內者同。

歐陸新聞。至羅馬柏林倫敦者。均由同盟會之代理人。爲之檢閱。擇美國人士所喜讀者。電告紐約。復由紐約以傳於通國。歐洲報會。亦遣使常駐紐約之同盟會中。擇美國之新聞。以電達歐洲。由此而觀。歐美間新聞交換之法。甚完全美備也。

我國報館。已有採用露透電報者。異日新聞事業益發達。我倶進會。或且與歐美報會相提攜乎。譯者識

美國新聞業同盟會之事業如是。可知其權力必甚偉大。苟非主持得人。則藉此以顚倒是非。混淆涇渭。亦良易易。而今顧無此類惡習者。則以範圍甚廣。且爲聯合事業故也。是會寄遞之新聞。歐美報館採之者。不限於一政黨。一宗教。

故絕無黨派之觀念。點染其間。會中訪事人代理人。皆經諄囑。勿以一己之政治教學。自爲拘牽。務求公聽而並觀。得一事之情實。勿妄加評議。至一事之利害損益何如。各家之報館。固自有主張也。

報會之於新聞也。其猶運糧者之於米麥乎。報會每日傳送數萬字之電報。公平而不私。猶彼運糧之艑。運送米麥。不問米麥之如何也。且其勢力。足以使各家之報館。於新聞事故。祛其偏私之蔽。蓋報會之所注重。新聞之眞確而已。他非所論也。

欲爲新聞業同盟會之人物。與爲大報館之人物。方術甚相同也。由小城鎭之報館入手。徐圖遷陞而已。前已詳論。無取更爲嘵嘵矣。

小城鎭報館之人物。欲進而入大城市中之報館。有二法焉。投函大報之理事記者。請爲其報之代表。或通信員。一也。以新聞投寄大報館爲先容。二也。然此所云新聞。必爲報館所難得者乃可。雖然、初任訪事者。苟非先得報館命令。必不宜以報館名義、發寄電報新聞。卽彼任事已久者。時亦如是。蓋恐報館或已自他人知其事。或報中篇幅已盡。無須更得一不甚要之電報也。

故最妥之法。莫如先發一短電。舉一事之大綱。詢館中記者是否欲得其詳。苟不得覆電。卽知館中無需乎此。若於一小時中卽得覆。卽可詳報之。然字數多寡。覆電中或經豫約。則依定限報告其事可也。

雖然、所謂新聞者。果作如何解乎。新聞之種類固多。報館所欲採取入報者。亦家各不同。然如以下所舉諸事。則皆訪事人。或通信員。所不須報者也。以下各條皆支加哥脫列實日報與其館員所約

火車中司機人等。及一切無關緊要之人之死傷變故。不必報。然若傷亡之人至三數人以上。或於財產大有損害。不在此例。

瑣屑之變故。如因運用機械。斷骨傷指之類。不必報。

無關重要之偷盜拐騙。不必報。

常人喪故不必報。但著名之政家。或雅負重名之人之物故。宜先通電報館一詢。

姦情墮胎誘逃等事。如與有名之人物有關係者。宜就實情報之。道聽塗說。不宜闌入。其尋常者不必報。又亂倫溺孩不必報。

尋常典禮及休業式不必報。如有名人演說。宜先期郵報本館。由館中酌定。

法庭中每日鞫訊謀殺事件之證據。非經本館豫囑不必報。

關於遊戲事件之詳情。非經本館覆函認可。不必報。

傳教士之演說節略。非經本館命令不必報。

鄉社間之會集。不必報。

旅館開張。或其他類同廣告之事。不必報。

演劇。或其他游藝。不必報。惟在大城市中者。或演藝者極有盛名。或新劇開幕。不在此例。然宜先行函詢本館。

祕密社會之報告。非經本館委託。不必報。

學校開學等之報告。不必報。曾得本館委託者。不在此例。

農家收成之豐歉。非得本館命令。不必報。若猝遭風雨霜雪。與田事有害。可先電詢本報。

尋常結婚不必報。如二家嫁娶係閥族。宜先期函告本館。待後命。

尋常賠償損失之訴訟。不必報。

無關緊要之刑事罪。不必報。與名人有牽涉者。不在此例。

以上諸條。皆大報館所不欲得之新聞。即經通信員報告報館。亦不爲刊載。或謂如是。則報紙中殆無事可載。稍加靜思。即知此言甚非。如以下所載諸條。即報館所亟欲得之新聞也。（新聞業同盟會所定）

政治新聞。不可有私見黨見雜糅其間。且必其事足以動全國人士之興趣者。

徒關一地之選舉報告。得本館命令。可報之。
集會演說等事。經本館命令。則報之。
鐵路要人之黜陟。與社會有關涉者。報之。
鐵路新公司之組織。或舊公司之兼併托拉司。或其他聯合商行之設立。產業資本甚大。與社會公衆有關係者。報之。惟宜屏去廣告性質之語。
營業失敗。至三萬弗以上者。報之。
監守自盜。至萬弗以上。或衆情憤激者。報之。
同盟罷工之事。失業者至二百人以上。報之。或因罷工而於大產業有損。或交通因而阻礙。或罷工者有擾亂事情。皆報之。
劇烈之大風雨。財產人物因而受損害者。報之。
傷亡至二人以上之變故。或財產大受損害。報之。
鐵路變故。財產損失。至五萬弗以上。或有人因而受創致死。報之。至貨車中常遭之變故。可不必報。

船舶沉沒。或觸礁擱淺。受損至萬弗以上。或有人因而死亡。報之。

火災。財產損失至五萬弗。或人物傷亡。或別遭變故。報之。保險之總値。亦報之。

報告審鞫要案。宜先詢問本館。由本館指示要節。而後詳報之。有關鐵路公司。或大商號。或公衆利益之判辭。均宜簡潔敍述。尋常案件不必報。

謀殺事件。可約略報告。如因謀殺而發生非常事件。或與有關涉之人物。社會上頗有名望。不僅有聲於一地。可詳報之。

偸竊刼盜至五千弗以上者。或因而發生非常恐慌者。報之。

罪犯絞決。可先期將罪狀報告本館。

誘逃墮胎等事不必報。如墮胎者係有名婦人因而物故。則報之。或誘逃之人。爲人追捕。經已弋獲。則報之。

游戲事情。足以動全州。或全國之興趣者。宜豫行報告本館。俟得本館開示節略。然後詳報之。懸賞競爭。及角力等事。祗涉一地者。不必報。若參與之人。

有因而傷亡者。則報之。

新聞業同盟會之通信員。如採訪有得。可卽將一事之要目。電知總事務所。字數約一百。若總事務所並無覆電。卽知其事可無庸詳報矣。所得報酬。每通電一次。（卽一百字者）得半弗。詳電則按字數而增。以二百字作一弗算。若遇非常之事。別有格外之酬勞。然與該會所要約者背。則一文勿給矣。通信員駐於一定之區域。採訪新聞。亦以駐處為限。

新聞業同盟會之代表。皆經會中申戒。處事務須公允不偏。書體不求其美妙。夸大之詞。無稽之談。評論之語。塞責之文。尤不宜出。文體總宜不謬。簡而明。最推上乘。新聞必足以動社會全體之興趣者。寄發之時刻。則隨報之晨刊午刊晚刊而有殊。

上列諸款。皆新聞業同盟會。與其訪事人通信員所約者也。然美國大報館。殆皆同此。故謂之爲模範。亦無不可。新聞與非新聞之別。卽此可見。譬如今有無所繫屬之訪員。於此得一新聞。又知某大報於其地無專約之通信員。卽可寄一短電。舉新聞中緊要處。詢該報曾否欲得其詳。略云某報記者鑒一家四口。突遭回祿。均斃。老婦爲救其兒亦死。欲知其詳否。下書某人某日發。苟報館未嘗得此新聞。自必電覆。令寄數百字。使其人而慧。則訪稿當已草就。一俟得覆。卽可寄發。訪稿入館。既夙排版。亦先自無割棄刪削之虞。酬報之豐嗇。以所刊之多寡爲衡。爲名利兩得計。自以立刻寄稿爲上策也。

寄電報新聞之法。其原理要亦與本埠訪事人之編製訪稿無殊。宜將一事之綱要。提前說盡。使後文所記。雖刪節無害。此祕術也。不如是者。付字簏矣。

凡一電報新聞。於年月日後。卽宜將新聞簡括言之。於三數句內。盡吐其實。然後從第二節始述其纖細。詞勿費。句宜短。鈎舟格磔之文。切忌。字裏行間。不得有所脫略。蓋電資雖稍省。然抵館後需人爲之校補。時間以廢。失時與耗金固一也。惟用海線傳遞者。不在此例。

通信員之電報記事。如上法者。自必立付排印。電報記者。不爲增減也。且電報記者。因此於心目中。常有一人可與以重大之役。後此升陟之速。正可豫期。於酬報尤有厚利也。

寄發電報新聞。應先從電報紙之年月日起。至於今日昨日等字。當就發電日而言。不宜就刊載報中日言之也。惟報紙於時日初不繫以某年。此亦通例。於時日後。應即敍述新聞。無須標題。末署己名。及發電時刻。電費較常價減低數倍。

但訪新聞。不惜費用。此大報館之金科玉律也。故訪事人因採訪緊要新聞。致多繁費。但使用之正當。報館之理事記者。決出無吝。是以訪事人車馬之費。與其俸給相埒者。比比也。電報通信員之報酬。按訪稿所佔篇幅給值。其多寡視報館之銷場而異。

訪事人及通信員之成功法。前文既詳言之矣。茲請更總括言之。遞送新聞。不可不敏速。一也。記事宜先就重大者敍列。以醒觀者之目。二也。語氣必明白曉暢。三也。勿以意繁句重自炫。但求簡潔已足。四也。勿輕然諾。諾則必踐。五也。文中如有棄斥詆毁之詞。必求確有實據。或其事已爲法官之所裁可。六也。勿妄加評議。七也。苟事未論定。卽隻字亦不能以私意點染。爲之者必病。蓋一報之政策。自有記者定之。不須訪事人抑通信員饒舌也。

第七章 記者

報館中記者。如理事記者。城市記者。電報記者。夜事記者等。其事責地位何若。已於前文詳論。斯篇所陳。乃就論說記者。各部記者。與讀稿人。而言其方法。

讀稿人之事責。與訪事人正立於反對之地位。此略讀我書前文而可知者也。

論說記者之事責。亦偏於評議一方面。良訪員不必善社說。著名之記者。不必卽良訪員。卽以二者性質之不相合故爾。夫欲從事於新聞事業。必其性能中具有愛耽斯業之天性。此其說固也。雖然訪事人能以絕迅速。絕機警之才。報告一極騷擾之政治集會之結果。其缺乏論說記者恬靜緻密之識斷。亦固其所。故人亦有言。謀爲操觚之記者。而姑從事於訪事。其術拙也。是說也語亦近情。然以衡我前說。謂新聞事業。必以訪事爲入門之階梯者。偏其反矣。顧吾說亦閱歷有得之談。不必因是而遂搖也。綜言之。新聞事業中。陞陟無定程。而訪事人升遷之第一級。則爲讀稿。報酬稍優。事責與訪事迥異。訪事人通例。於午後出而採訪。讀稿人之事責。則以晚間六七時。始讀訪事人之訪稿而校理之。訪稿之平妥無疵與否。卽讀稿人之責也。而於稿中語涉誹刺攻訐之處。尤兢兢焉。

讀稿人有校讀本埠之訪稿者。有校讀電報室之專電者。苟一新聞。涉及一報政策。則訪稿中何者宜顯。何者宜隱。所取之態度應何若。均由記者豫爲指導。

讀稿人則諦審訪員抑通信員之稿件。觀其行文。果否與記者所指導者合。校讀既竟。即付手民。字句之圈點。鉛模之大小。亦讀稿人主之。

讀稿人有一大難事焉。加訪稿以標題是也。其事爲訪事人所不爲。亦自有故。訪稿經讀稿人校閱。面目恆變。一也。訪事人自爲之。不若他人爲之之爲愈。二也。蓋標題新聞。亦一絕技。必讀稿人爲之始精。人云標題之難。難於作詩。其言深可味也。

新聞之標題。爲之而善。直不啻舉一新聞事故。盡納於數字之中。大標題之下。復有小標題以廣其意。標題中今日明日云云。必指發行日而言。苟標題而善。讀報者不讀新聞。已悉其大要矣。美國報紙之有標題。始於一八五二年。亦近世新聞事業一特色也。

論說記者。直接由總編輯長程督。地位報酬並皆最優。惟稍次於理事記者耳。斯部人物。大率由訪事室讀稿室來。惟學問識力。必較廣耳。大學卒業之博士學士。欲入言論界者。獨論說部最有機緣耳。

報館論說之實質。大較主於總編輯。由論說部中人。筆述其旨。社會事情。宜如何論斷。惟總編輯司其職權。然總編輯初不盡社會事情而一一論斷之。令執筆者撰述成文也。常法。論題概由論說記者自擇自撰。有要事則論說記者共集。與總編輯酌議。俟衆謀之僉同。乃操觚焉。論說記者。亦各有專長。其所撰述。或與本懷相左。是亦常事。

一論既竟。以授總編輯。總編輯可酌量增刪。務與其報政策不相畔反。若萬不能刊，則付字簏而已。苟執筆者之文。屢投字簏。則館中不復能存身矣。

報館之論說。時事之批評的解釋也。執筆者任取一重要之新聞。凝思既久。撰而爲文。自有其獨到之理解。所討論者。橫盡過去。豎盡來者。不僅一事之表而已。原原本本。委婉曲折。以赴之。因果之間。了然有當於我心。而解蔽挽救之術出焉。惟所抱意見。人而不同。或主保守。或主維新。或莊肅而嚴厲。或修飭而和婉。家數不一。要由各報隨閱者之好尙而爲之。論說有五要。論當其時。一也。凝鍊肅括。二也。於一事之情實。無不周知。三也。詞達可誦。四也。見理透澈。造語奇警。五也。要而言之。凡一論說。宜將所論之事。簡括言之。不傷於繁碎。而後隨加評議。今之報館。往往以報中新聞電報之屬。散見數月間者。爲之提綱挈領。連綴成篇。載之論說部中。此亦自成一派。然此爲長篇之紀事。非論說也。論說之精神。在乎批評。故一報之論說門。卽一報之宗趣發攄之地。亦卽黨見揭櫫之地。亦卽問題商榷之地。

大凡操觚爲文者。見解不可不明察也。學識不可不廣博也。而於政治社會二者之歷史。尤不可不極深研幾。是故欲爲美國報館之論說記者。則美利堅之治制。自憲法原理。以至最近各州之選舉報告。不可不洞明也。今夫政治之學。極繁極難。非有十年殫心竭力之探索究討。殆不可以猝明。是故從事新聞事業者。欲求位望之高。則不可不有究心政治之偏嗜。嘗聞時賢譚那C.A.Dana

之言曰。欲察少年之能爲良記者否。但觀其每晨讀報。第一翻檢報中何處而可知。苟所翻檢而渴讀者。爲政治事情。此佳兆也。若得報便讀言情之小說。新聞事業。殆無可望。極其所能。爲一小說家而止耳。政治而外。新聞記者可以專門研求者尙多。如財政即其一也。

論說記者。以批評爲主。上文旣言之矣。然尙有二部人物。屬於批評性質者。一爲新書批評家。一爲劇場批評家。二家關於文學戲劇之新聞。皆以批評的眼光出之。戲劇記者之事責。每於夜中忽遽成之。新書批評家。則可於日中從容爲之。二者皆報館要人也。

新書之批評。亦一論說也。爲之而精。有價値可言。則有二事。必不可缺。其一識理透闢。無妄肆月旦之譏。其二敍述精當。能將書中事跡。或著書者本意。曲曲寫出。而文不冗長。書中佳處。一一爲之抉發。使讀者不窺全豹。亦見一斑。

書籍之評論。必不宜瑣屑繁碎。須知我評一書。乃爲社會公衆而評之。非以提撕教訓著書人也。亦非以爲書賈計利貿也。若見書中誤處。而一一爲之指正。便成笨伯。但將書中佳處。抉論一二。末言間有小誤。爲全書之玷。如斯已足。何取齦齦不休哉。

任戲劇批評者。大都以訪事爲入門之階。或爲本已享有盛名之戲劇家。任新書批評者。則都大學卒業之士。能自著書者。美國報館之新書批評家。女士爲多。大抵皆以此道進人。苟讀書已多。謀爲報館之新書批評家。而於批評之術。經驗無多。則莫如先自練習。於書無所不評。仿報館評隲之法。而純以己意評斷之。書中弱點。尤宜注意。以最易逃初學眼目也。如是爲之數十次。可擇其最得意者。擕赴報館。呈之館中文學記者。乞以一書見示。爲之評隲。其初無報酬也。惟以其書奉贈而已。爲之稍久。經驗已富。人所共知。則入館辦事之機至矣。

交換記者者。剪裁報紙之記者也。凡他家之報。所載記事論議。有與本報之政策合者。則採之以入我報。而別注其所從出。此其事若甚易。而實甚難。非於新聞事業。有優越之才能者。不克爲也。譚那氏謂交換記者。爲報館要人之一。非無故也。

交換記者抉擇報料。必其與本報政策相合者。本報之社論。宜每日讀之。凡所取材。必與社論之主指有合。他如名人之言行。以及雜談詼諧之屬。亦宜間取。大報館之交換記者。時亦秉筆爲文。然總以廣搜材料爲主。備編輯部引用。任斯責者非於新聞事業。雅有心得者。不能爲也。

交換記者讀報最速。一目十行。不足以方也。每日報紙。堆積如山。均所必讀。偶遺要件。便爲失敗。報中可採處。必於一瞬間得之。社論中警策處。尤宜於頃刻中得之。是故欲爲交換記者。其識力宜甚宏。學問宜甚博。而好尚尤宜一軌於正也。

游戲記者。殆近世新聞事業中之最忙繁者也。今歐美大報。每日游戲新聞。自成一頁。星期日或四倍之。任其事者。於戶內戶外。種種之游戲。必甚諳練。而又當有訪事人及理事記者之資格。其人固受命於本埠記者。然採集新聞。皆自主之。遠地之游戲新聞。恆由電報傳遞。若本埠有要事出。則亦可得館中訪事人之助力。游戲記者。亦必善於屬文。乃能勝任。懸賞競勝之記事。賽馬之故實。足以鬨動社會者。皆游戲記者草之也。游戲之事。或生爭執口舌。游戲記者。必不宜參與其間。其新聞必大公而無私。完美而無缺憾。斯爲善矣。其職大抵由訪事人擢充之。

商業財政二門之記者。事亦如此。任其事者。宜具專門之學識。而與工商部之人物。以及銀行家牙人之類。交游宜廣。他如鐵路記者。不動產記者。保險記者。亦應具有類此之資望。夫商業財政等事。習之既久。自成專家。謀爲記者。則非有訪事人之實際工夫不爲功。最捷之術。莫如先從事於商業報紙或其他專門之雜誌。後乃入日報館任記者。然任日報館之各部記者者時。亦兼任雜誌之記者。所獲之報酬。乃以益豐。諸專門部之性質方法何如。於此不復詳論。以吾書但爲常人說法。苟涉專門。轉覺詞費也。綜言之此類事責。皆極可欣。報酬不必甚厚。然因是而交游以廣。而與接者多巨商大賈。後此尚有喬遷之望焉。凡大報館。於華盛頓。紐約。倫敦。巴黎。以及其他大都會。皆有通信員。其與小城鎭之通信員異者。以須每日寄稿也。新聞種類。及敍述方法。可以自擇。然當其任者。非幹練之才不辦。其人固訪事之類也。而實有記者之權力於所寄新聞。不妨夾敍夾議爲之。其責任其利益。實兼記者及訪事人於一身。好高之士。材力優勝者宜爲之。

紐約報館之通信員。駐支加哥者。其訪稿大抵得自支加哥報館之報紙。每日以中夜入館。讀其校稿。擇其尤要者。電知紐約本館。支加哥報館之通信員。駐紐約者。事亦同此。其他大報館。以此法交換新聞者尙衆。與新聞業同盟會無涉。通信員皆秉承本館理事記者之囑託。所寄新聞。以節略爲主。

美國報館。有星期增刊之例。此當別爲詳論。具見第九章中。婦人事情。與交際事情。見十一章。其他報館細節尙多。若大體則已備論矣。

凡報紙編輯總長。初無有於未刋前全加覆閱者。常法各部之記者。各事其事。出版後苟知有誤。則責備至矣。遠地之通信員。本館有規則爲之部勒。何者宜言。何者不宜言。均經詳定。偶犯則戒之。報館對於記者。及訪事人通信員。奬飾之詞最鮮。苟責備不至。即知吾事未誤也。

通信員所寄訪稿。其甚要者。往往非加補釋。則社會閱報衆人。不能猝解。補釋之事。由館員爲之。館中備有文庫。翦裁之報紙。參考之書籍。一檢可得。時或由記者隨心所知爲之。或竟逞臆揑造。使揑造之事。不關緊要。固亦無礙。當一報之出某事。已爲成跡。而其事復不可不豫俟其至。爲之紀述。則此種逞臆揑造之談。必不能免。蓋報館以爭先登載。互求勝利。自不得不出此道。且此種逞臆揑造之新聞。各報皆有。晚報尤多。言之有令人難信者。報館紀事失眞。大半坐此。顧雖如是。而紀事猶未至全失眞相。亦一奇也。此其事是非如何。宜讀書者自度。予惟舉其事已耳。

第八章 新聞事業

爲報館作文一事也。爲報館經紀一切。一事也。持政見。辦報館。又一事也。青年有志之士。謀從事於新聞事業。當先自度所欲爲者爲何事。營業經紀之事。別詳於十四章。今之新聞事業。亦一種之商業。惟營業之方法。欲爲詳論。非本書範圍所許耳。

從事於新聞事業。而獲優厚之報酬。應具何等之資能乎。此與其他實業。組織完善者。所需資能正同。苟辦報之法之未知。而貿貿然曰。我將辦報。此無異不知鋼鐵之業。而曰我將購機設鐵廠也。果使欲爲之而有利。則必識力明決。毋本充實。而又有任事幹練之能力。故辦報者欲求吾報之有功於社會。而於己有利之可享。則必識力與大資本。並具而不缺。赴事既勇。成功可豫期矣。今吾書所論列。於報館編輯之部特詳。然無問一報之政見。爲民主派。爲共和派。亦無問其宗趣之偏於感情。抑光明而正大。主事者要皆有不可缺之資能焉。無此則失敗可立致。資能或得自天賦。或由於修習。請詳論之。

天賦之資能。爲從事新聞事業者所必須。其最要者。心意之敏活。運思迅速而無誤。蓋觀物知物之能。久矣視深思冥想之才爲尤要也。若其心意滯遲。枯而不柔。必無大成。故人亦有云。新聞記者。天生而非人爲。與詩人無以異也。此言亦不爲無因。蓋天之生人。往往有能立辨一事之誠僞善惡。發於心之所不自覺者。知抉擇新聞矣。而聰明強記。其才犖犖焉。此固新聞記者所必不可無之品性也。

心意敏活。而能抉擇新聞矣。尤當輔之以神思凝聚之力。此則由於修習。非旦暮可得也。而心量宏廣。抱樂觀之主義。方之意懷抑鬱。視世事無一可樂者。尤有成功之機會。蓋社會之於報紙。其好心地和善者。恆逾於彼激昂憤爭者也。晨餐既竟而讀報紙。苟滿紙皆譏刺之詞。責難之言。誰則讀之。故曰新聞記者。

宜爲哲學家。而非道德家。非無故矣。莊言巽語。固不如委宛之辭之足以動人也。

雖然、優厚之報酬。惟彼程督執行報務者得之。非秉筆爲文之記者也。此爲近世新聞事業必然之趨勢。能爲此而善者。良將之才也。天之生人。有生而能號令人者。有生而奉命承令於人者。二者之別異。不加實察。無以明也。報館辦事。時有急遽倉皇之概。實大足助長二者之殊致。此亦物競之道。天擇猶其次耳。

亨利華德生 Henry Watterson 曰。新聞事業成功之根基。有數事焉。習慣須良也。知識須良也。感情須良也。教育須良也。而赴事尤宜悅豫而守晷刻。所謂成功。相關而非絕對者也。人之一生。常有佳運惡運之二境。雖然、忠實勤懇。孜孜不倦。又能耐勞苦。終有以戰惡運而克之。以臻進於佳運。更益之以專門之學問。寬宏之胸期。遠到之識見。則其成功之途尤廣。亨利華德生之言如此。

青年男女。從事於新聞事業。將有成功可言否。此非一言所能決也。新聞事業之分功繁。有才者自能勝任而致其力。故成功與否。非可遽下斷言也。雖然有必不可無之基楨焉。無勤懇耐勞忠誠持恆之心。則新聞事業。終無成功之可言。雖博學多聞。機警敏給。無能爲也。尤有一事不可缺者。在能辨事實之情僞。不欺人。人亦不能欺我。良訪員卽此種人才也。夫人與人相接。而後知世界有欺罔虛僞之惡風。新聞事業之人物。日與此習人性善惡。因以甚明。知之愈深。則成功之機會亦愈衆。

從事新聞事業者。不可不知者人性也。且當知之甚深切而著明。其法莫如充大城市中報館之訪事人。爲良訪事人之所接者。男也女也。社會衆流。無一而不接。苟處之不得其道。則採訪之術以窮。故訪事人應具知識矣。亦應具謀略。其處世人也。猶調箏人之理其絃也。音節之高下。視其所理之絃之爲何。習之既久。則操縱自如矣。往往世人之心理。訪事人一覽可得。而後用其探微索隱之術焉。其接人也或以禮衷。或以峭語。或以威脅。隨人而施。無不如志。夫知識者權力也。而知人之識。則尤訪事人知識之最可寶貴者矣。

善交際能言辭之人。其任訪事尤爲有利。廣交游。新聞事業中最可寶也。苟所與交者。爲社會人望之所歸。一言一動。咸爲社會法則。則其利尤無窮。訪事人之採訪新聞也。若探之於其所交好。不愈於捉漠不相識之人而問之乎。使訪事人誠篤而守名譽。斯言尤信。故曰諾不可毀。言不可食。誠如是。人無有不樂與談者也。此交游之廣。所以爲訪事人陞進之階也。

由此而觀。訪事人於交游者之姓氏。最不可忽。邂逅相逢。必求立道其姓。即理事記者。本埠記者。亦復如斯。是故從事於新聞事業而有成功者。必其善憶人名。善識面目者也。苟記憶之力弱而不強。即心志不能專一之過。若於初聞時少加留意。後此確有大助。一見面即能立道。夫習外國語者。於百千名物之詞猶能頃刻立道。則於人名又何難乎。

要之新聞事業中之人物。能強記。亦一不可少之資格。使所訪之事。雜而不專。

其需強記尤急。嘗遇一人爲報館採訪政治事情者。能於短時間中。與十數鄉老搢紳晤談。歸而記其言。編爲訪稿。絲毫不爽。此其訪事可謂絕眞無誤矣。宜其處隆職。獲厚酬也。

論說部之記者。亦宜有聰明強記之功。前事成例。滿藏於腦中。今昔比較。一思可得。十年前之政局。五載前之選舉。知之必纖。即不然。亦宜知於何考之。得其情實。而當代史事。尤宜知之極熟。纖細無遁情。蓋論說記者之學識。年積一年。往往不可得之於圖籍。此所以可貴也。中外古今之史迹。以及文學科學哲學。亦宜得其會通。嘗聞滑稽者稱老於新聞事業之人物。謂此輩之頭腦。貯有全部之百科大辭書。詞雖謔。亦實錄也。具斯類之異才者。其任事恆久。故譚那氏曰。新聞記者不患所知之多且豐也。獨患其多而不眞耳。

由是言之。則編輯部之人物。宜有大學教育否乎。今美國報館人才。自大學校出者。年多一年。此固將來新聞事業之佳兆。然當知今之報館人物。（指論說記者）未嘗受大學之教育者。居大半也。大學教育。雖屬可貴。而非必要。蓋新聞事業之成敗。不視乎此也。論說部之記者。固以出身大學者爲善。乃若執行之部。則四年之大學生活。固不如四年之實際生活矣。報館最高之位職。無若理事記者。然任斯職者。非大學卒業之人物也。乃訪事人擢升者也。大學卒業者。但能入論說部而已。若求其故。亦甚易明。本埠記者。與理事記者。貴知人而不貴知書。此方特相而言社會上政治上。種種事情。爛熟於胸中。方之詰理。抑微積分。固爲貴也。大學卒業之輩。文學或果高超。而於世情。輒多惘昧。新聞事業。亦一宗之專科。宜於報館中修習之。彼大學卒業者。僅得謂之發達文藝而已。故大學教育。非報館人物最良之教育也。新聞事業。宜由修習而得。徒事諷誦伊唔。至無當也。世界無論何種學問。於新聞事業。咸有一節之用。惟實際功夫。最不可缺。讀吾書者。幸注意焉。

青年學子。擬從事於新聞事業。應否先入大學。略窺高深之學問。此又是一問題也。假其多貲而好學。自以入大學爲佳。劬學數年。亦非無補。若其窘於財力。喜動而不樂習靜。則無寧卽從採訪入手。學識雖稍淺。而有擢升理事記者之機會。若於從事採訪之先。曾習他業尤佳。商業智識。較大學教育爲貴也。惟報館人物。總宜有高等學校之教育。自餘書册中之學問。均可自修而得之。美國學童。入學年數。平均不過三歲。刊行報紙。亦卽爲尋常之男女耳。故大學卒業之學士。其所以餉社會者。恆不及彼未嘗入大學者。何則。思理懸殊。則扞格堪虞也。且大學卒業者。類不脫文人名士氣習。尤爲新聞事業之阻力。

凡從事新聞事業者。其正當之教育。卽尋常善知識者。應修之教育也。普通學問。均宜涉獵。文學歷史政治經濟之書。宜擇佳者讀之。以博爲宗。前人高文典册。亦宜流覽一二。以擴識見。

原書舉新舊二約。沙士比詩集。密爾頓文集爲例。在吾國則孔孟遺書。史

記漢書。唐宋詩文。其尤要者矣。譯者誌

政治之學。必須研習者。爲本國憲法。及開國時代之政論。而本省制度。亦宜討究。能稍知法律尤善。其他應讀之書尚多。宜擇心之所好讀之。無取一一舉似也。

知識廣矣。修辭之術。又不可以不講也。此亦由實習而得。非徒講文例。便可自明。大抵多讀書者類能爲此。今美國大學。教授新聞專科。恆令學者。就耳目所聞見。著爲紀事之文章。此亦良法。訪事人第一應習之事在察物。尤在察物而能以簡潔之文體出之。苟有所聞見。能紀其事。敏捷生動而淵雅。信達雅三美俱備。斯訪事之能事盡矣。

最良之修辭術。無若日取報紙中之緊要新聞。記其事而不記其辭。已乃以一己之文辭。自草其文。與之對照比觀。或由雜誌中擇名家之論議。默識之。而後以己文出之。昔法蘭克林。嘗行此法而有大效。茲可學也。又有謂宜譯外國文以爲練習之資者。其意亦甚美。以移譯之際。字字均須譯者自擇。爲益尤大也。夫語言者思想之器術也。不幸思想之隱微。往往非語言所可達。即達矣。亦未必如吾心之所思想。此誠事之無可奈何者也。故修習文辭。宜時求以語言合思想。勿草草而了事。此其事良難。日而習之。罔或差忒。庶幾有效焉耳。

原書此下論速記法之不必要。及打字法之宜學習。以與漢文無涉。節去之。譯者識。

要而言之。報館人物最不可缺者。敏活之心意也。識力也。勤勉而篤實也。能耐勞苦也。廣交游也。世事人情。無不洞識也。若徒有學問而無信。或習氣太重而無節制。專以閉門造新聞爲能事。則終於失敗而已矣。成功之人物。不欺人。人亦不欺吾者也。有學識。知自重。明察而善屬文。一切學問皆爲吾用。此新聞事業中最要之資格也。大學教育固可貴。然非必不可無者。報館以新聞爲主。其他皆附屬也。

第九章　星期增刊

最近二十五年間。美國報紙獨星期增刊。最多擴張。平日報紙僅八頁至十二頁而止。星期日則六倍八倍之。其中新聞之部。仍與平日無異。餘皆雜著廣告之屬。別有訪事人及記者執筆。星期日之報。所以擴充至數倍者。即以廣告之多。而報館文字。亦比例而增。若銷數愈大。則二者所增尤多。星期日告白之多。即以報紙是日流通最廣。往往平日銷數不及十萬者。是日竟銷至二十五萬餘焉。

星期增刊之材料。由星期記者主之。七日中以六日搜羅報料。星期日則休暇日也。大抵下一星期之增刊。於星期一即從事收採校閱。甚有豫將增刊之一部分。於七日前即已刊就者。星期記者。猶雜誌記者也。以館外投稿。均須由星期記者檢閱。亦理事記者也。以社會所著意之近事。星期記者務求應時而供獻。其思想尤宜極豐且新。星期增刊。以圖畫爲最要之特色。故星期記者。又須有美術上之學問。綜言之。星期記者。應有行政之才。而又有極完全之新聞學問。大報館之星期記者。報酬之優厚。與論說記者埒。誠重之也。任此職者。恆由訪事人或讀稿人經驗已富。而有奇才異能者擢升之。

星期增刊。其性質介乎日報與雜誌之間。報中文字。大抵皆時事問題。雖或膚淺。而趣味淵永。其敍列論斷。亦較平日篇幅爲修。此種物料。總稱曰專件。與通信員所發專電有別。專件之報酬。每一欄約自五弗（加支哥）至十弗（紐約）亦有下於五弗者。世人頗有專恃此宗報酬爲生活者。

此類文字。由館外投寄者爲多。與雜誌正同。記者欲得何種文字。館外能文善知識者。可草之以進。由此道而入新聞事業。亦一良法。惟須知道非康莊。荆棘多也。無閱歷者。良不易行。凡星期記者。均有人爲之襄助。其撰述之報酬。或以月計。或以篇幅計。無定例。館外投稿以新奇爲宗。不則星期增刊中無容足地矣。

使投稿者而爲專門家。抑知名之士。則其稿最易付刊。以學有專門。一言之出。動爲社會圭臬。故樂得而刊之也。雖然。彼沒無聲名之徒。使其文誠佳。固非不能刊載者。惟篇幅總不宜過長。而文中云云。亦不當與報紙政策相抵觸。爲小說。爲實錄。爲評論。爲滑稽。均無不可。所當注意者。文體及神味而已。

星期增刊之文字。報館三種文體俱備。三種文體者。新聞、批評、文學是也。一篇之中。三體備具者有之。或僅有其一二。亦無不可。或記一新奇之近事。或就新聞而發論議。或探討史策。而著爲長篇文字。三體中新聞售稿最難。批評之文。必與一報之政策有合。若徒鋪陳社會所已知之事實。綴拾成篇。則售稿尤難。必爲之甚精。而又應乎時宜。乃有幾微希冀也。

報紙之價值。視新聞之刊載。是否當乎其時。星期增刊。亦復如斯。新聞者。最近之史跡也。論說者。所以批評新聞者也。星期增刊之文字。必以新聞爲線索。凡以此也。文學藂談。不在此例。一切總以新奇怪異哀樂悲歡爲主。至史傳紀事之屬。亦必與時事有關。方可刊載。

然則館外投稿當爲何種文字乎。此當於己所受讀之報紙。留神觀察而後得之。凡星期增刊。於小說詩詞滑稽談外。尙有關於政治學。社會學。游記。文學。美術。傳記。本埠事情。婦人事情。種種之文字。投稿者於此加之意焉可也。

上節所言。聊示模範。其範圍固已甚廣。爲社會衆生所喜睹。投稿者當知所從事矣。綜言之。凡事之有興趣者。星期記者。皆所必錄。我之所樂聞。而亦人之所樂聞。即其類爾。

投稿於報館之星期增刊。亦從事新聞事業入門之一法。投稿方法。或先謁一報之記者。將擬作之文。提取節略。以示記者。詢其是否欲得我稿。或先作其文寄之報館。以待記者之棄擇。由郵局遞送最佳。無取親致也。星期增刊之文字。函面宜書明受者爲星期記者。非文學記者也。報館之文學記者。卽新書批評家。不與文稿之事也。

投稿若遭屏棄。此因其文不合報館宗旨。或館中已有此類文字故。欲求節時起見。宜先將論題擇寄記者。俟其棄取。此爲已有經驗者說法。若在初學。自以寄全稿爲是。以記者未嘗知投稿者之果否勝任撰述也。稿前宜附署姓名地址。且封郵票。以備退還。稿紙或平或摺。均可。惟切忌捲之成軸。

投稿無須另加書函。有地址郵票已足。然略寄數行。告以我稿願得公平之値。固自不妨。若投稿於小城市之報館。此着甚要。以此種報館。投稿固所歡迎。而報酬則措不欲給也。大報館則不然。不値報酬。卽不値刊載。一經刊載。卽無有不給値者。故無須致書記者也。卽有書。亦宜甚簡。

若一稿被棄而退還。卽宜別附郵票。寄之他家。總以覓得購者。或實無人購乃止。須知按篇幅給値之文稿與雜誌投稿同。遭屏不錄。實所難免。往往連寄數家。僅乃得之。故投稿者不可不有持久之心。勿以失望爲懼。苟吾稿誠良。有一毫價値。必無長遭屏棄之理。須知我投一稿。不啻與報館全體之執筆人相競。

又當知吾稿獲售。所得報酬。與彼從事新聞事業已久者相等也。此種投稿。爲餬口計。良不足恃。亦與投稿於雜誌社同。以記者何所嗜。何所欲。投稿者不得而悉也。是以勞而無功。時亦不免。投稿者之所得。爲在察一報前此所刊之文稿。其性質何若。我稿能與記者所懸標準相合足矣。館外投稿。恃星期增刊爲生計。良不足冀。此種事業。但爲入室之階。他日或可由此而得一枝棲耳。

新進之撰述家。持有薦書。或經人獎借。報館記者。恆不置信。記者所欲得者。良著述耳。苟有人投稿。採錄經已數次。報館中若有位置。星期記者或理事記者。卽思所以納致之。故星期增刊者。新聞事業之捷徑也。入門之法。固不如他法爲良。然其事甚正。且有所撰述。不必卽在館中爲之。亦一便事。材料亦隨地可得。若需修習。則先寄稿於小城鎭之報館。而後從事於大報館可也。要之星期增刊之投稿。欲爲之有利。第一宜有可論之事。其次宜知撰述之道。有時文中或加以插畫。此亦大佳。照相尤善於圖畫。故撰述之士。能照相者尤有利益。今之星期增刊。固以插畫爲一大特色矣。

凡擇一題。必求己所已知。人所未知。而極有興味者。行文之精神。宜嫻雅曉暢。而勿觝滯枯澀。尤當知星期增刊中。人重於物。人事者。人人所欲知。若山水景物科學新理。則知者有限矣。外國游記。以名人撰述爲宜。不同指南一派者。而新事尤貴於舊事。記革命時代之軼事。不若記最近政事集會之眞相也。若以此訾記者無愛國心。則誤矣。能略窺未來情勢者。尤善。凡新聞事故。與未來要事有關者。報館記者。無不爭先欲得。而報酬亦以此爲最豐。

凡作傳記。必名人者。沒沒無聞者。報館不屑載也。善惡之論。成敗之觀。報館無所容心也。蓋社會之所樂聞。猶個人然。必其所欲知而非所不欲知。是知爲報館撰述者。宜於各家之報。無所不讀。藉以廣搜異聞。以洞悉社會之心理。苟一報不合社會之心理。此大患也。夫報館有指導社會之責。固宜較社會爲進一步。若進二步。則又行之過遠。故社會之嗜好何如。思理何如。報館必不宜漠然視之也。苟以此而議報館之道德。又爲盲論。蓋吾之思理情感。必不容與聞吾言者相背。新聞事業成功之祕術。卽在留神觀察讀報者爲何如人耳。

小說雜作之類。報館通例。不署撰者之名。若撰者爲極有盛名之人物。則爲例外。此無論報館自作。抑館外投稿。皆如斯也。久享盛名之人。報館極願刊載其名氏。至方求聞達者。則報館不欲助之成名也。文而可載。則載之。稱施以報。無餘事矣。撰述事業。大抵不署名。以故求名者。不宜從事新聞事業。館中人物。以某報訪事某報記者稱。卽擢升至理事記者之隆職。其名氏亦未必遂發表於報中也。爲星期增刊撰述者。亦如此。欲求個人之名譽。宜於雜誌求之。著書求之。報館中無伸眉地也。

使一城一鎭。忽有事出。爲他方人民之所樂聞。此若可投稿於報館矣。然欲使吾稿可獲善價。則其事必非通信員所知乃可。苟知者。彼且以電報達其事於報館矣。此種通信。有時有自外國寄至本國報館者。宜附書函。告記者以吾稿須以篇幅計值。

美國報紙。小說亦一特色。而星期增刊中。小說尤居緊要地位。報館按日登載長篇小說者甚少。大抵皆短篇也。字數約自二千至一萬。撰述短篇小說。殊非久常之業。其價值恆較他種文字爲低。萬言者約值四五十弗而已。

報館小說之四分三。非直接購自撰述者。乃間接而得之於文學仙治潔特。此所云仙治潔特。乃報館聯合而成。以同時刊印相同之新聞事故爲目的。此等仙治潔特大抵在紐約。懸招以購小說詩詞笑林及他種文字。通國文人皆可投稿。酬以相當之值。仙治潔特則更編就目錄。以售於各家之報館。賣稿之文人。獲酬只一次。而仙治潔特則一稿可售數家。索值甚廉。此亦足敗文人之業也。

美國報館。於詩詞咸視爲無足輕重。頗有相約不購詩稿者。時或破例。以取新奇之觀。亦有刋載詩詞。而不酬值。僅署作者之名者。故欲得小名。莫如作詩登報。欲求利則未也。有時報館卽酬值矣。與作詩所耗時刻亦無比例。

若夫滑稽詼諧之談。則不然。佳者輒得善價。甚有專聘滑稽之士爲之。不購外稿者。外稿之價值。每則一弗。修短勿論。蓋笑話不得以字數多寡計也。編笑話者。每日可得一二十則。皆封固之。附以回封。寄之報酬最優之報館。館中記者。披擇之。以不中選者寄還。可別送他家。直至每則僅酬一角五分之報館而止。專精斯道者。爲此殊有利云。

報館之記者。恆由經驗而知讀者所嗜之爲何。苟不足以應讀者之求。則其報立敗。故於新聞文學二者。不得不審愼將事也。每日郵書至者山積。披沙揀金。不憚煩勞。卽以此故。記者於來稿初不全讀。以節時間。一稿之至。略讀數行。卽知此稿是否可錄。記者之渴欲得佳品。猶投稿者之渴望報館錄吾稿也。

初學之大患。不在意貧而在用思之不得當。其次則致力於文學。功候未至。夫文學爲甚難之學。而人輒視之漠然。不加措意。夫畫師作畫。非不學而遽能也。靜女調琴。亦非不學而遽能也。獨於文學。則貿然曰。我將評某人焉。記某事焉。寄之報館。而乞登載焉。何資於修習爲哉。此不亦至可怪乎。須知今之文家。無間爲男爲女。享有盛名。新著一出。四海傳誦者。莫不由多年之勤劬而來。非旦夕所可致也。蓋文學之業。非勤懇刻苦爲之。必無功。年復一年。效乃可睹。而吾之思想識見。尤不可不資閱歷經驗以廣之。一篇之成。動需時日。而文章斐然。亦必數年而後有功。新聞事業本極艱巨。欲爲之而成功。則堅忍勤懇之心德。不可不先栽培也。

此篇予本擬置之不譯。已而又念我國報紙。他日容或有星期增刊之一舉。則美國報紙。正可爲我先導之資。故仍譯之。其間稍有節删。以與我國情勢不合也。

第十章　美術室

欲於報館之美術室。謀一位置。非易事也。今之美術家。俸給優厚。人人所歆羨。當其初。苦志修習。終日不得一飽。瀕於飢寒者屢矣。其人大抵未入報館。即已能畫。亦有入館充學徒數年。始得一職者。然非常例。以美術室長不欲以訓徒廢其晷刻也。彼自命不學能畫。求充一職者。美術室長尤視之蔑如。其意若曰。子毋寧入美術學校。苦學數年而後來謀事也。蓋美術家之天生者絕少。非經修習。得名師指導。必無善果。故人恆云天生之美術家居五之一。苦學而成之美術家。則五之四也。無天賦之才。雖力學不成名家。有天賦之才矣。而不加之以陶鍊薰冶。亦難期成功。美術家有竭其所能。爲人作畫而猶不享盛名者。即以其初未嘗盡力於修習故也。故學爲美術家之第一事。在致力於教育。

雖然、美術學校之教育。不必遂能應報館之求也。美術學校與報館。絕然二物。若劃鴻溝。不可無以彌之。彌之之法。莫善於爲登載報館告白之家作畫。然後徐圖任職於報館。其次則投稿於星期增刊。需圖繪者。則媵之以圖。以待報館之鑒識。假其不善行文。可與能文者合爲之附有圖畫之文稿。星期增刊。需要最廣。爲之而善恆得善價。有圖無文。固不售。有文無圖亦未必售也。

訪事人之訪事也。新聞與非新聞之別。辨之最審。美術亦有然棄擇之間。不可以不謹。世每有精於繪事。而報館摒之。轉以寥寥數筆爲得眞諦而重用之者。二者成敗之差。卽在能知一事之特色處否耳。知之而繪其圖。必簡必速。分寸極合。成功之珍祕在此矣。

初學美術。豫計他日身入報館。不事他業。宜將報紙中畫稿。擇其最佳者。不時倣爲之。期得其神髓。然當知模效而善。不必遂成良才。模效易。自創機軸能就極紛陳之事情而構一極簡峭之畫則難。此無論墨筆水彩滑稽諷刺諸畫。皆如斯也。習之既久。庶幾有大成之望耳。

報館於美術家。需要甚殷。而美術家殊不易得。此美國報館之近狀也。有名之美術家。無一不得厚酬。而以高才者鮮。報館乃不得不以濫竽充數。嘗有人計美國學畫者七百人。其中佳者僅三數人而已。全國報館中美術名家。竟可屈指而數云。

初入報館。爲美術部人物。每星期俸給約自十弗至十二弗。大報館中有增至每星期七十五弗一百弗者。若二百弗則爲例外矣。平均計之。每人每星期可得三十三弗至五十弗。較訪事人爲優。且可別營外務。至其升擢遲速。視其勤惰。亦視其繪事之優劣。爲美術部長者。尤不可無執政之材云。

美術家中報酬最優厚者。不得不推作滑稽諷刺畫者。能此者甚鮮。精者俸給至豐。蓋此類圖畫作之最難。作者須有匠心。畫帶滑稽。識見宜博。能洞矚一事之底蘊。而又善畫。其畫必前無類似之作。應由作者自絞其腦汁。思索而出。推陳出新。而諷刺滑稽之意自見。此其所以難也。此種畫家。機警必由天授。非人力所能爲。且其畫法。各不相同。必不可模倣而得。畫意由人指授者。尤不如自忖而得之善也。

由此觀之。初學欲入報館之美術部。宜勿以諷刺滑稽之畫自進。循我前說。乃爲最善。假其夙具斯才。入館後不難自見。能就一事而窺見其特色處。此材最不易得。非於報館美術部中養成之。他無造就處也。

報館中之美術家。每日功作時刻。約八小時。當事務殷繁時。則日夜從事。亦所不免。通例。報館中之美術家。自午前九時入館。至午後六時而出。亦有午後二時入館。至夜中十時而畢事者。

彫刻圖畫。此又一事。彫刻室中人物。則有照相師。刻工。以及設色之工。各事其事。不相錯雜。俸給每星期二十一弗至二十五弗。最優者三十五弗。此爲平均之數。昔時手工木刻。需費甚重。今則易而爲酸蝕之術。事便且省繁費亦美術中之革命也。今之報紙。刻照相畫及着色畫者甚多。凡照相之家。通達事理。而有美術之觀念者。新聞界中亦有容足之地。然報紙固重照相。而尤重美術家之圖畫。世有能文而善畫者乎。爲記者。爲訪事人。不若爲美術家之競爭少而獲酬優矣。

第十一章　婦女與新聞事業

前此數年間美國婦女。從事於新聞事業者甚衆。但使才有專長。無不可以自顯。蓋彼時風尚。社會事情。人恆樂知婦女之見解爲何若。以故總統選擧之會。特貝賽馬之場。以及世界博覽會等。無不有婦人訪事。側足其間。其訪稿之所報告。每多男子之所不及見不能見者。大抵皆偏於感情。足動人悲喜者。當此種風尚盛行之日。敏慧婦女。固足以側身於新聞事業。其報酬以篇幅多寡計。亦與男子中特別訪事同。迨斯風既歇。婦女訪事亦隨而銷歸無有。自今觀之。則以婦女而入新聞事業之旋渦。直一苦事耳。

美利堅全國報館中。所專聘之婦女。爲報館襄理事務者。今不過三百人耳。其能事與男子相等。其得以不遭屏棄者。卽以此故。蓋報館中事責。不能以男女分也。婦女而有男子之能事。自易容足其間。若謂盡婦女無不可入報館。則大謬不然之說也。

大城市中之報館。平均計之。每家編輯部中有婦女五人。亦有每家僅二三人者。專任報告婦人俱樂部情形。及時式服裝。美容術之類。主於感情之黃色新聞。每家輒有婦女七八人。長日奔走於市中。採訪種種新聞。報中婦人事情一門。卽由此輩主持。故可稱之爲社交記者。以爲婦女故。雖報中記載失眞。或載其所不當載。人亦不之責。雖任事勤勞且善。與男子等。而需要不見加多。蓋新聞事業者。純乎爲男子之事業。婦女之所得爲僅矣。

學有專門之婦女。於新聞事業固有良好之機緣。然猶不免於失敗。以報館風尙。時有變遷。宜於今者或不宜於未來也。通禽鳥學抑植物學者。今歲報館皆願延致矣。而明年風氣一變。博物學家竟不安於其位而去。新聞事業中悠久之事。責獨新聞政治商業三者而已。此三者。婦女固非男子之敵也。蓋採訪新聞。其事最困。必非婦女所能勝任。故今新聞業同盟會。尙無婦女訪事。至本埠新聞。大抵皆屬男子之事。非婦女所得與於其間。若欲於政治或專門商業。卓然成爲名家。此在男子猶寡。更無論婦女。故論說記者非婦人之業也。理事記者尤不必論。若紐約之伽德女士 Kate Field 支加哥之馬珂梨女士 Margaret Sullivan 固皆盛名鼎鼎之新聞記者矣。然此特例外。無以難我說也。

報紙記事。以感情爲主者。是曰黃色新聞。延聘婦女稍多。報酬亦略優。然所任事責殊極艱難。而非可喜。婦女在紐約之黃色新聞任事者。每星期之俸給。自五十弗至一百弗。固非不厚。然須往返奔波於甚危險之地。或行尋常婦人必不願行之事。亦殊不值。嘗有人云。爲黃色新聞任事之婦女。不啻一手握其生命。一手握其名譽。隨時可以墮地。其言良信。請略舉數事以證之。某婦人訪事。以繩自繫。自街中而上升至於最高之危樓。明日記其事。插以畫而載之報。此一事也。又一婦人訪事、自乘氣球。扶搖直上。以至泬寥之空中而獲優酬。此又一事也。某地之黃色新聞。遣婦人訪事觀獄犯雉經而著爲文。曰婦人目中之雉經。此又一事也。又有某婦人訪事者。於深夜踽躅於街市中。察是否有人見侮。此又一事也。諸如此類。不勝枚舉。足見獲酬之非易。大抵婦女爲報館任訪事者。四年後其神經輒攖衰弱之症。此名醫之說也。

婦女執事於尋常報館者。每星期之俸給。約自二十弗至三十五弗。或爲星期增刊作文。或採訪新聞。事責不一。而採訪新聞爲最難。譬如當地之煤礦工人罷工。報館遣婦人訪事探討其事。使報館爲資本家所立。則其所以敍述之道。將與爲工黨所立之報迥異。事理固不當揑造。然須見其一而不見其二。爲之既久。遂至見理不澈。感情心勝。此在男子且然。而女子爲尤甚。且採訪新聞。於婦女體質。尤爲不宜。方之教授生徒。或執事於商家。勞苦更甚。終日勞碌。於交際之事。每多欠缺。而婦女固有之特性。更不免消失也。

嘗有白克 Edward W. Bok 者。作函致國中著名之婦人新聞家五十人。詢以所生女子。是否願使從事於新聞事業。請以公平之意回覆。白又函致著名之男子新聞記者五十人。所詢亦同。旋有婦人新聞家四十二人函答。則是者三而否者三十有九。男子新聞記者函答者三十人。皆否。蓋新聞事業。最足以傷婦性。而毀其體質。此殆明達者所共知矣。某報記者某君。嘗告予云。此二年間。予所見婦女。勝任吾報事務者。凡十八人。其中四人。嫁後即棄所業而去。六人以病不復能任事。二人猶在病院。別有二人。亦以事去館。今館中婦女獨餘四人耳。

又某婦人記者告予云。予每日功作十小時。每星期六日。每歲五十星期。一歲三千小時。每星期獲三十弗。一小時獲五角。若任學堂教習。每日授課自九時至十二時。一星期五日。一歲三十六星期。共授課九百小時。以一歲獲一千弗計。已較從事新聞事業獲千五百弗爲勝云云。雖其言如此。使婦女而寧以新聞事業爲生涯。抑素性不樂教授。或他業。則自以就之爲是。事從其性。此之謂也。

天下婦女。固有秉懿所賦。適於新聞事業。而不適於他業者。如亞娜女士 Jennie June (Mrs. Croly) 如馬麗安 Marian Harland 如愛蘭。Ella Wheeler Wilcox 皆足爲我言之證。亞娜從事於新聞事業。歷四十五年之久。馬麗安愛蘭以撰述時式裝束、烹飪、情愛、之文字得名。若妮黎 Nellie Bly 則服潛水之衣。深入紐約河底。又嘗於七十日間孤身環遊地球一週。因而其名大噪。又如以利沙白 Elizabeth G. Jordan 主紐約世界報筆政甚久。而倫敦每日新聞之巴黎通信員伊壘侶女士。Mrs. Emilly Crawford 識見高超。文章茂美。與著名新聞記者提白路韋 De Blowitz 實足並駕齊驅。

由是可知世之婦女。才有所特長。性有所特能者。固未嘗不可投身以入新聞界。然苟非偏嗜文墨。適於他物。願犧牲其時日精力才能以赴之。則爲新聞事業。亦無成功可言。至犧牲之與報酬。是否相當。此宜由從事於斯之婦女自爲度量。非予所能臆斷也。

以新聞事業爲生活之婦女。其待人接物。必較尋常婦女爲恕。此亦事之無可如何者也。若一意自保其尊嚴之態度。令人有彼爲婦女之思。此大誤也。其所遭之外境。固不必皆愜意。然人之所以待遇之者。一視其德性之何如。此無可疑也。

婦女謀從事於新聞事業。宜由何道進身乎。請答之曰。撰述文字以寄報館。適如記者所欲得。而未爲他人捷足先登者。爲之既久。報館記者知吾之學問已足勝任新聞事業。則機會至矣。斯道也。實坦坦之大道。婦女欲從事於新聞事業。此爲最便。以可不離家而爲之。卽失敗亦無傷也。

又有一法。卽先從事於小城鎭之報館。然後徐圖擢升以入大城市之報館是也。此法差易。其初僅如一訪事人。探訪本埠新聞。或撰述小品文字而已。已乃可充文學記者。批評新出版之書籍。或任副主筆。俸給稍厚。若更時時寄稿於大報館。則獲酬尤豐矣。

凡大城市中之報館。於其他城鎮。輒聘有通信員。時時通信。茍乏人。則函致其地之報館。舉人以承之。此常例也。此職若以婦女充之。殊不如男子爲優。以須日夜奔波。足跡遍一城。婦女殊不克勝任也。然爲之者亦頗有人。茍能勤懇。將事。爲之既久。自有擢升之機會。

其他自進之道尚多。予嘗見有某女士者。初未嘗撰文售之於報館。而一日忽蒙召爲某大報之記者。考其故。則以女士嘗作小品之文。登載報中。文情並美。故報館聘之。又有某女士者。以充記者之書手。而得執事於報館。世之婦女。通達文章而無新聞事業之學識者。以文學記者自顯者尤衆。其初無金錢之報酬也。僅以書籍奉贈而已。爲之而善。則報館中可圖一善地矣。

有文才之婦女。謀執事於報館。與其以充訪事人自進。無寧作詩撰小說或著其他小品之文字。爲此者其文學固宜甚美。然成功之機會亦多。足與男子競勝。蓋女子咸具有美術之思想。憑空結撰。猶愈於實事採訪。採訪需體力。又需往返奔波。所得之學問。婦女固不易企也。今之婦女。撰著小說者。其成功之數。幾與男子埒。而兒童愛好之故事。尤非女子爲之不爲功也。

某雜誌之記者太白女士 Miss Ida M. Tarbell 曰。謂訪事之生涯。可令婦女適於爲記者。此予所不承也。訪事人之文體。最足以損婦女之文才。且以與各種社會相接觸。故婦女仁慈悲憫之感情。最足以銷損。失其樂天之意。自我觀之。謀執事於報館。莫若投稿之爲愈。覘各報記者之所欲得而投之。冥冥中已養成記者之才能於不自覺云云。

要而言之。婦女以文學自進於報館。此自是最良之法。自進之道固不一。而最良莫此若也。且由文學事業而進於新聞事業。道亦差易。爲之數年。名利兼收矣。豈若訪事人之終於湮沒無稱哉。凡婦人社會之撰述家。苟欲以文學名。莫若循予前文指陳之術行之之爲愈矣。

假有婦人。思以著述自顯而方爲人教讀。則宜棄其所事。而專一從事於著述乎。此當自度筆耕所入。足支生計而後爲之。質言之。其事不妨小試。而今日生計所自出。既在他業。則亦不宜決然舍去也。

世固有婦女具著述之才。而筆墨所入。數極零星。不足支持生計者。則不如爲教習。以待時機之至之爲愈。脩脯可賴以爲活。而以餘暇撰述文章。寄之報館。抑雜誌社。亦略得微潤。迨夫我文已足動人。新著脫稿。不脛而走。則可專事著述。無須別執他業矣。

文學上之成功。以新聞事業爲階梯。不若他業之爲盡善。蓋報館文字。率於忽促間成之。詞無藻飾。以簡潔爲名貴。此種文字。於新聞事業固極適宜。於文學事業則惟有扞格不入耳。至夫執訪事之職者。終日匆匆。更無餘晷可以爲文。則尤文學事業之梗沮矣。故訪事之業與文學事業。猶冰炭之不相合也。青年婦女。有志乎文學。而姑充報館之訪事人焉。則謬矣。

嘗見世之婦女。具甚高之理想。謂苟入報界者。則吾心所懷抱種種革故從新之偉見。將傾筐倒篋而出之。以公之於社會。不悟此大謬也。夫陽春白雪。曲高和寡者勢也。世方以今之政教風俗爲至善而至美。我乃攘臂疾呼曰。若者宜改。若者宜革。舊制不可存。惟新法爲可貴。此與自殺又何異乎。微導而陰喻之。我之能事。至矣盡矣。苟曰我將謀以報紙之言論。鬨動一世耳目。爲人惟有顧而却走已耳。

紐約新聞記者某女士。嘗著一文。曰婦人新聞家須知。其言絕親切有味。轉錄如下。

凡欲於新聞事業中側一席。應先具有種種不可缺之資格。此不待言也。第二事則爲謀事矣。謀事之機會。實至苦而至難。

謀與報館記者一晤面。其事已大難。記者忙繁人也。固無暇與謀事者面。雖然。有介紹書。固亦有一面之機緣。然祇一面耳。晤談數語已耳。無他事也。晤記者矣。彼將叩吾以何作。而吾乃臚陳己意焉。其次彼將問子有宿稿否。

乃未幾而吾稿竟退還矣。此常事也。又或納我稿矣。異日竟入館任事矣。以篇幅計值矣。雖然事亦非優也。

迨既入館。習知之事積漸而多。乃悟報館中人。各事皆由心習而得。初無他人爲之指導。閱歷最貴。我卽我師耳。

報館文字體裁。家各不同。我之文體。不能不與吾報從同也。報館政見。亦家各不同者也。吾亦不能不與吾報從同也。我之政見或不與吾報合。雖然吾不能不屈我而從我報。

守晷刻。言行端飭。此爲新聞家必不可無之良習慣。宜努力栽培之。

其次則宜有定力。爲一事必首尾完具。堅持到底。狐埋狐搰。無當也。心思才力。尤宜兼備。

宜堅忍。能耐勞苦。無自私自便之心。其他應具之心德尙多。其犖犖大者。則上文已備引矣。

新聞事業非兒戲也。其報酬惟應得者乃得之。苟從事於此者。忠勤能耐勞悴。制行可嘉矣。而文章拙鈍。不能動觀者之目。則毋寧去而之他耳。

婦人新聞家。宜勿妄存虛憍之心。以爲我所撰述。人當見諒爲婦女之作。不與男子著作一例平視。須知報館所欲得者。文字耳。出之伊誰之手。固所不問。若自以身爲婦女。欲於報館中求公恕之道。則去之遠矣。

要之。世之婦女。欲從事於新聞事業。則其所具才能。宜略視男子爲高。以女子有種種缺憾。爲之梗沮故也。致力於小品文字。（如裝束家政交際童話之類是也）或任文學記者之職。成名最易。星期增刊。尤爲女著述家馳騁之地。能精於照相更佳。須知新聞事業者。專門之業也。欲通其道。非經數年之修習。歷次之困難失敗不爲功。而青年婦女往往昧之。予述斯篇。願天下青年婦女一加意也。

第十二章　告白之文

自十九世紀末葉以來。著作告白。亦成一專門之藝。專精斯道者。獲酬之豐。幾超政府中國務員而上之。此曹與其謂之爲新聞事業中人物。毋寧謂之商務中人。然大率皆出身於報館。而訪事之人。尤有任此要職之希望。故不憚詞費。就著作告白之方法略述焉。

今美國大商號。日有長篇鉅製之告白。刊載於報紙。其事蓋始於二十年前。有某肆者。其主人倩一報館記者爲之作告白。載之各日報。新穎奪目。文亦可誦。人皆喜而讀之。而某肆之業遂大盛。主人每歲酬記者一萬弗以謝之。未幾他肆亦踵起而傚行。至於今日。長篇巨製之告白。商家已視若平常。無間何報。莫不有之。作此種告白者。俸給視尋常訪事人抑讀稿人爲優厚。間有優於理事記者者。其人必深明商情。而於一業有專長者。亦必熟知印刷之術。庶於字體大小排列之方法。可爲之而無誤。

著作告白之文。須凝鍊而易刺人目。此祕術也。蓋告白費最貴。故務宜以最少之字數出之。至如何而後易刺人目。亦自有法。其文必足以動人興趣。激人觀感者。於待售之品。必不宜只說吾肆售何物。須將品物之種類。與其佳處。一一言明。行文平易。自然人皆愛讀。

質言之。告白卽商業新聞耳。（此取狹義）其目的在報告社會以某事。我有某物待沽。而有人方思得某物。則吾作告白載之報紙。以爲招徠之計。然若不知物情。以爲用大字刋載。卽足促人注意。於是胡亂引用。惘然不知旨之所歸。則謬之甚者也。

作告白亦須知人情。人者自營之獸也。與其告之以某事某物可以利人。不如告以可以利己之爲當。彼不知告白術者。偶作告白。開口卽促人購致其物。自利之意。形於言表。而不知其已誤。須知商家盈虧。非顧客之所容心。顧客但欲以廉價得美品耳。精於告白術者。未嘗促人之購其貨也。僅以顧客自利之念動之而已。謂我貨誠足以利便生事。出資購之。非不值也。是故作告白者。須設身處地。以顧客自況。於顧客之心理。不可不知。至夫以欺罔作僞爲能事。其償敗自不待言。

凡作告白。宜將肆中最上之品。表而出之。其表而出之之方法。又必易動人目。刋告白而失敗者。以作告白時。隨意爲之。無一定之目的也。目的云者。謂貨品與顧客。須相提並論也。作告白時。貨品與顧客。須常存心目間。每言一貨。須將購者便利之途抉出。若毫無主意。徒佔篇幅。與喋喋多言空廢晷刻無以異矣。社會衆生。強半善忘。一昨所見於報中者。今日或已不可復憶。故刋登告白。以繼而不輟爲貴。某君有言云。鋪肆無告白。則業不盛。猶舊式之榨車。無水則輪不動。惟過久亦非所宜。千日一例。觀者滋厭。是宜別以新式出之。

著作告白之文而精者。有不可缺之天資焉。而心質警敏。能自抒新機軸爲尤。然尋常爲報館撰述之人。亦足勝任。能握管爲文之婦女。熟悉商情者。亦優爲之。

距今五十年前。報紙中之告白。人皆以報館中人窘迫可憐而登之。蓋慈善事業之一種也。今則人人知爲商業中必不可無之一物。而著作告白之文。亦成爲一種專門之業。斯業也今甫新生。他日改良進步。正自無窮。其所處地位。亦必視需者爲重要。斯業術而兼學。以心理學爲基礎。通達人情者爲之。最有效。操觚之士。所當加意者也。

第十三章　登載告白

一報之有告白與否。儘足以定一報之運命。今美國報館。進款之半數。皆出於告白費。至定閱報章之資。僅供購致紙墨郵票之用而已。報館人物之俸給。以及其他支持館務之費。皆取給於告白費也。夫報章之流通廣。則出資登告白者自衆。而報章流通之廣。則又社會愛讀報章爲之也。然告白之文著作刋載。並合於法。亦足以擴報章之銷路而展報章之聲譽。社會衆民之大半。皆好讀告白者也。需購其物與否。固所不論。故登載告白之文。宜自始卽措置合法。人類皆有模效性。報章之告白擁擠者。人將效而登之。

其告白鮮少者。卽已登者亦將靳其資而不復登。告白既失。則讀報者對於報章之興趣感情將亦以失。

今假有人將於某地創一日報。自信其地居民閱報者。足以支持吾報於不墮。又擬設法招致商家之告白。則其地社會情形。不可以不知者有二。一須該地居民衆多。不僅能閱吾報。且有資以購登告白諸家之貨。二須商家財力足以販貨。又能任告白之費。而其貨又卽爲讀報者所欲得者。

當一報未出板之先。宜豫與本地各大商家約。將各家之貨登之報中告白門。其初無須問小商家需登告白否也。但得大商家。則小商家自將追逐而至。或吾報爲股分之公司。能得大商家購買股分尤佳。彼既出資。吾報之成敗。彼息息關心。自必竭力加以扶翌矣。

辦報之人。未必卽善作告白之人。若是。宜延致一善作告白者在館。專司其事。

凡商家不欲自作告白者。吾卽爲之捉刀以進之。商家登告白者。尤宜勸以不時變易格式。所登載者。必應時之貨。報館例有承徠告白之人。其要職卽在俾彼登告白之商家業盛而獲利。徒謀攬致告白。未爲當也。承徠告白之人。宜時出新意。可以動衆者。告之商家。俾以時登載適宜之告白。庶幾商人營業。藉報章爲媒介。有贏利之可規。能如是。人自樂於吾報登告白矣。

告白室中。能聘一畫家。爲報告白者作畫。尤善。既有告白之文。又附之以畫。自足以動商家之心而生小試之意。讀報購貨之人。瞥見報中之畫。尤足生其注意也。

承徠告白。於氣候時節。不可以不知也。冬有冬之貨。則宜招徠冬貨之告白。夏有夏之貨。則宜招徠夏貨之告白。司其事者。苟能隨處留意。自然告白擁擠矣。

商家登載告白。其貨品必應時之新物。而索值又宜略較市價爲下。此事甚要。獲贏之祕。此亦一端。報館中承徠告白之人。宜時以此節提撕商家。若夫告白費之高下。乃第二事耳。苟商家以登載告白。故博得贏利。優於他法之所得。則告白費之高下。彼固不計。然告白之費。能低減最佳。刊長期告白者。尤宜減折。若報章流通未廣。則告白費固宜略高。以爲支持之計。且略高亦不爲過。以讀報之人大半卽屬購貨之人故也。報館亦可與商家訂約。豫定每歲至少登載告白行數幾何。商家無論何時欲登告白。卽可隨意登之。

報館鉛字之形體。不可以不衆多也。且須清晰。絕無模糊之弊。登載告白者。見告白明析而不漫漶。自然慊意。尤足以壯報紙之觀瞻。

登載告白有二法焉。字體大小錯出。語氣斷續。不復連貫。意將使人注目而觀者厭之。此爲誤法。行文平易近人。正如店夥之語顧客。然原原本本。絕無張皇招搖之氣。此爲正法。一誤一正。何去何從。讀者自能辨之。凡作告白。尤必以誠信爲主。若徒推獎己貨。道他家短處。語不由衷。事非眞實。此爲造謊欺人。報章登載之者。亦蒙其害。以人將推不信告白之心。以不信報館也。

報館於登載告白之家。宜以優越之權利。畀之本國之商家。誠勿爲外國商家之代理人。以廉値豫佔報中良好地位也。代理之人。如欲於報中得善地。出價應較本國商人爲高。何則。支持吾報者。固本國之商人。而非外國商販之代理人也。故如外國藥物之類。告白之費。厚取之不傷廉。能屏而去之最佳。不能。則索重資而施以嚴重之取締。未爲過也。

分類之告白。（如招請待請賃屋待賃遺失待訪之類）亦足推廣報紙之銷路。蓋此種告白。不啻小形之新聞。自有一部分人。急欲得而讀之。取價務宜極廉。美國報館。於此種短告白間有不取値者。最佳之法。莫如由報館多備聯單之小册。分致常刊此種告白之商人。每册豫收減成之費。俾商家有此種小册者。可隨意於報中登小地位之告白。惟報館於刊登分類告白。亦宜加以取締。凡視爲不合於道德。抑他種原因者。可屏之不登。設如有人來登告白。有家居工作可得厚庸之法等類。若報館爲之刊出。讀者受欺。即使於法律上不能索賠償。於道德上實應有此種要求。究言之。外國人之告白。以少載爲佳。報中有外國商人之告白。其結果遂致金錢流出於外國。而本國商人之營業。不免因之受損矣。告白中之圖畫。必取優美合格者。若畫圖醜劣。大足爲報章之玷。今之報館。有於登載告白畫索重資者。有絕對不允登載告白畫者。然告白畫。實足爲銷售貨物之助。故二策皆非。告白畫圖無妨登載。惟畫意宜不傷風紀而畫亦可觀耳。若無他術爲此。可與登告白者約爲之作畫。而稍增其費。

美國出版之雜誌。有以專門探討報章告白之學問爲事者。佳者亦五六種。竊謂報館中人。不妨定閱數分。以增益其告白上之學問也。

此章爲著書者同姓某之作。其人爲報館中人有年。且係告白專家。以其爲閱歷之談。可供參考。故譯之。譯者識

第十四章　鄉邑報章

美國之鄉社報章。大抵皆星期一出版。其數凡一千五百。此種報章。合而言之。勢力甚大。以鄉間之選舉人。其數逾於城市中者故爾。主持報事者。才能固無

須甚大。幾於盡人可爲。以國事人事之智識。所知不必甚廣也。鄉邑之間。自有鐵路電車電話郵政而後交通便利。局勢一變。加以印機之新發明者衆。大城市中之報館。勢力已可及於鄉鎭小邑。故鄉邑間之新報館。適宜於生存者。必其能與外境相體合者。此亦天演進化之理矣。刋布於本地。紀近地之新聞。大城市之報章。殊非鄉邑報章之敵。鄉邑報章。至今猶有立足地者。正以此故。且此種鄉邑報章。今雖每星期發行一次者爲多。他日或且易而爲日報。蓋近今以來。業農之民。增富極疾。凡前此無力以購鄉報者。今則本地之鄉報。及大城市中之日報。無不購閱一分。此誠辦鄉邑報章者。最足快心者也。若辦理鄉邑報章者。以傳播世界新聞及全國新聞自命。則爲大誤。蓋彼之責任。但在廣布本地或鄰邑之新聞而已。若徒轉載大日報之外國新聞。及本國新聞。以爲能事。其銷路必不廣。其告白必不多。其獲贏尤無可望。

昔予亦嘗從事於支加哥郊外之鄉邑小報。於新聞事故。例不自他報轉載。惟間或擇取大日報中小品雜作。以補餘白而已。報凡八頁。所載皆本地新聞。且皆成之於本館同人之手。予任是報記者數年。此中生涯。備極困難。然獲益亦良多。予今有一心得之談。請告之讀者。凡辦鄉邑小報。苟距離大城市僅一二十里之遙。必難發達。即報中言論。人亦不據爲典要。故距大城市愈遠。則成功之機會愈多。

以地點論。創辦鄉邑小報。於農業盛旺之地。愈於工廠礦產所在之地也。蓋農業之地。凡百事業。皆較他所爲有定。不致爲工業中困難或政治上變遷所影響。且居民之性質。亦一要事。使一邑之間。皆外國移民。雖民數在五千以上。寧一報不設。而辦之於本國居民僅一千數之小鄉邑之爲愈。凡鄉邑間。有民數二三千者。報館已可立足。有成功之機會。若在三千五千以上。更不必論。使其地距大城市甚遙。則辦報者尤爲其地政治上人望之所歸。苟有志乎政治。則猶有入議院列席國會之希望也。

苟辦報者之鄉邑。民數在二十萬至五十萬間。則辦報者之資格。應何如乎。曰是宜善作告白之文。而能於頃刻間草社論者。若邑中有政治集會。辦報者被推爲主席。宜善於說辭。以悅衆聽。且於一邑中社會情形。宜無所不悉。努力於社會公益。爲社會之所敬禮。又須知商情。應機而善變。凡百衆人。莫不樂與晉接。

鄉邑間之報章。以刋載本地新聞爲主。德奥意三國之同盟。以何時解約。此非躬耕畎畝者所欲知也。郡外某道。日者爲大雨所毀。方施修葺。以何日可畢事。則正彼之所欲知矣。辦報於某省之鄉邑間。告之以南美之革命。何若告之以本省長官因撥弄電扇而傷其拇指之爲親切有味乎。愛懷鄉士之心。鄉邑報章。亦宜栽培之。吾鄉固非天堂。比居民卽方之以爲天堂。亦復何害。報章從而贊之。更足令居民有愛懷鄉土之心。推而愛其國也。

人之購閱鄉邑報章也。爲欲知本地新聞也。故辦報者第一事。卽在組織一種制度。以搜羅各種之新聞。假如新辦一星期報。則新聞所及之界限。卽辦報所在之鄉邑之界限耳。凡此界限中之新聞。不可不盡力搜羅之。此非有完密之制度。不爲功。必不可推之於運會偶然也。辦報之地。雖在鄉邑。自有新聞之中樞在。中樞旣得。則鄉邑中大事。無一不摭入我報中矣。由是言之。則通信之員不可以不廣多也。通信之員。教會宜有之。學校宜有之。鄉邑鄰封宜有之。每星期必通信一次。此外尙宜有特約通信員。如鄉邑中司法吏。宗教牧師之類。苟辦報者主持得其道。報中資料。可以終歲不窮。而所費亦無幾也。

尋常通信員。宜以長居本地者任之。其所報告。應自負責任。辦報者欲知其人是否可恃。應自加探察。凡新聞何者宜寄。何者不宜寄。均應由報館豫爲約定。重要之新聞。宜立時迅速遞寄。尋常事件。每星期寄一次已足。報館記者宜自著一文。詳述通信員採訪報告之法。分授各通信員。俾不致蹈於差謬。如下文所列。即其一式。

報章之目的。布散新聞是也。子若有新聞。即宜寄館。然勿附加己意。於重要新聞。勿徒憑他人口述。能自探之最佳。凡可以造敵仇之新聞。勿寄。寧說善勿說惡也。至新聞之在別一通信員界內者。亦宜勿寄。

世界中公平正直之人。無不願己名之入報章。子爲我報通信員。宜勿自隱。應令此曹知之。因此曹能出汝不意。告汝以新聞也。茲附呈定閱本報者名氏一册。此曹與其朋輩之動作。幸留意焉。

每七日宜通信一次。新聞之多寡不論也。苟有新聞。請寄遞勿恐。

凡草新聞文稿。心目中應牢記何人何事何時何地何故何如之六事。須知讀報者。對於有興味之新聞。喜詳而不喜略。故以詳明爲善。

如報告死亡之事。應言死者名字年齡。如死者爲人家兒女。應言爲誰家兒女。如爲妻室。應言其夫爲誰。致亡之故。亡於何時。以何日殯殮。葬於何所。司禮者何人。應一一言之。死者之爲人何如。其於社交上之地位何如。亦應略述。死者如有弟兄兒女。亦宜道其名字。

本地人家。新產兒女。或有新抵吾地之人。亦宜報之。於新生兒女。宜道其父母名氏。家居所在。生產時日。及新嬰之爲男爲女。

男女婚嫁。宜將二家名氏。及爲誰人子女。居於何地。以何時何地成禮。誰爲主婚。一一詳告。如有宴客之事。宜道與宴者名姓。凡足動人興趣者皆報之。

本報以星期六出版。以前一日付印。尋常通信。寄至星期三夜中爲止。特別新聞。務於星期五侵晨寄到。最新之新聞。乃發現於星期六以前之極短時間內者。一經刊出。人人爲之驚奇。斯爲最佳。如有緊要新聞。勿吝紙墨。務即立行函告。紙張郵票。皆極廉之物。如已用罄。幸即索取。新聞而外。其他本地事情。可動人興趣者。亦可寄至本館。讀報者於讀新聞後。好讀者即此種文字也。如古蹟、遺址、古錢、山水、景物之類。凡足動人興趣者。均可寫寄。

勿屢屢稱道三數人之事實。卽在聞人。亦不宜常道。苟爲之至再。讀者將以爲徧私矣。

公衆集會報告務求翔實。愼勿附加己意。

宗教爭端。個人事情。以及家庭私事。可勿寄。

勿思報中新聞可見好於人人。此事敗己且足敗報也。

對於本報宜時說好話。且勸人購讀之。須知子卽本報之代表。凡定報登告白或刋印其他文字。皆可承徠。本報當酌量報酬。如欲定閱本報者。請將其姓名住址見示。本報當送閱四星期。此後子可詢以願否定閱。報資請其先惠。其中請自提三分之一爲酬勞。餘金立寄本館。

此種通信員。所得者僅報章一分。郵票紙墨如干。以及經手售報之酬勞而已。顧鄉邑間青年男女。樂就者甚多。則以此卽新聞事業之捷徑故耳。通信員所需郵票。記者宜記入小册。以便核計。時亦宜函致通信員。加以獎飾。如有緊要事件。記者宜豫告某通信員。應否採訪。採訪後草訪稿。於何處應加注重。亦宜豫爲指示。

尋常通信員而外。尙有特約之通信員。此亦搜羅新聞之要人也。鄉邑中司平之長。可約之報告訴訟事件。教堂之牧師。可約之報告宗教事情。學校新聞。可自校長得之。報告疾疫死亡等事。則醫家最良。他如鄉邑有司。鐵路人員。與黨會之書記。倘能邀之作特約通信員最佳。

此外尙有應由記者親加察訪者。如大火災。新奇之犯罪。政治集會之類。非他人所優爲者是也。以上所述者。採集新聞之制度也。讀之知鄉邑報館之記者。直不可須臾而離筆墨。新聞訪稿。橫臥几案間。如亂疊之靑山。不可不加以披閱整理也。瑣屑者則割棄之。行文不適當者則重草之。遇有譏誹嘲謾之辭。則刪節之。此其事亦非易易矣。雖然。記者以甚廉之費。而得如許之新聞。則伏案之勞。又何辭焉。故其時不爲徒費。尤不可不謹者。世恆有人。欲藉報紙以爲一已利用之地。借報章以造敵讎。若此之類。報館記者。尤宜竭力審愼從事也。

報章有新聞可記矣。其次宜得閱報之人。此宜僱人爲之。與以報資若干成。務使鄉邑中家家有報。卽不然。凡有選舉權之家。均宜有我報。其先可送閱。不取資。後乃遣人造訪。詢以定閱與否。

鄉邑小報。欲求足以支持於不墮。至少亦須銷至千二百分。必先度量閱報之衆。能達此數而後辦報。斯不至於失敗。苟難期必得。毋寧置之不辦之爲愈。若能銷至二千分以上。則所處地位已甚優勝矣。凡辦一報。欲求閱者之衆。法在吾報辦之至於至善。其餘無他道也。

印刷鄉邑報章之機器。以軸印機爲佳。卽使無力購置新者。亦宜備一舊機。其他下於軸印機者。不可用也。

報館辦法。既已至善。閱報者自衆。閱報者衆。則告白不求自至。然登載告白之商家。恆以得不償失自咎。不知此因告白之文。登載未合於法故也。報館記者。

宜以良法告之商家。苟記者於此亦一無所知。則誰爲教之。此鄉邑報館之記者。所以不可不知告白學也。

鄉邑報章。最大瑕疵。莫如一篇之中。字體大小淩雜。用墨又復惡劣。絕無觀瞻。須知刊印鄉邑報章。用墨本不需多。即鉛字亦數種已足。多而雜亂。良無可取。

星期一出版之報。開辦既久。亦可改爲日報。此當視社會情形何如。無定律也。苟鄉邑居民閱報者僅四千人。毋寧不改。若在萬數以上。則可辦矣。亦有民數在四千至一萬間而創辦日報。亦可支持者。若在方興未艾之鄉邑。則有利可言矣。其初二年。或不免於虧閱。然失之東隅者。未嘗不可收之桑榆也。

由星期一出板之報。易而爲日報。此一極緊要時也。辦星期報者。需一襄理之人已足。辦日報則不能不分部辦事。分部有四。新聞營業機械發行是也。送報亦需專人。搜羅新聞之法。亦須大加擴張。且通信員宜有常俸。搜羅本埠新聞。

至寡亦需訪事者一人。訪事者之俸給。每星期約自五弗至二十弗。編輯部記者。則需二十弗至三十弗。營業印刷二部。亦需多人。諸如此類。辦報者必須雅有經驗。方足勝任。無慮罣誤。若漫無閱歷。即不免節節吃虧。

由此而觀。主持鄉邑報章之記者。應具有普通學問。能文章。出辭氣。遠鄙倍。又須有識力。輕重之間。確有把握。雖曰鄉邑報章。不妨載錄無關緊要之事。然苟不足動人興趣。可以立敗。

鄉邑報章之記者。又須善交際。多術智。心機靈敏。熟悉人情。若無之便與無普通學問無異。蓋不識人情。不善交際。則鄉邑中政治商業事情。皆將懵無所知。忠實誠信之德之不可缺。尤不待言。閱報者固嗜讀新聞。然亦往往有人。不欲新聞見之報章。報章載之。即造敵讎。此在記者。貴有識力。以爲定斷耳。然亦須知世之報章。未有一年間不造幾個敵讎者也。

新聞記者之大問題。政治也。今之鄉邑報館。往往過偏於黨派。幾於異黨之人。

人人皆其寇讎。由是而報紙之銷路狹。獲贏微。勢力小。豈不惜哉。就大概立論。鄉邑報章之記者。能超然立於黨外爲佳。若效法大報館之所爲。以黨派機關自命。此誠走於極端之謬誤。不可救藥者也。或謂偏於一黨。則黨中告白皆將由我承刊。可以獲利。不知報章之銷路廣。則告白可不求自至。而報章銷路之所由廣。則不造無謂之敵讎爲之也。多載新聞爲之也。夫創辦一報館而致偏於黨派之私。此亦有所不得已耳。然總勿宜使異黨之人讀吾報而竟生怒。夫以二黨之爭執。而至於交鬨奮鬬。致命傷生者有人。此其事已極可悲。報館記者。但紀載其事。亦已足矣。若奮其黨見之私。加以評議。是爲不智之甚。宗教之爭。亦復如斯。無經驗之新聞記者。請加之意焉可也。

至如報中文字。文法之未明。修辭之不講。此亦足敗報章之勢力。是宜時倩善文章者指導之。勿使一誤再誤也。

夫從事於新聞事業。而性分之間。不樂乎此。則無成功可言。斷斷然矣。雖然。此固可養成之發達之者也。察現今之情勢。而知將有某事以爲之因應。迨其事之既至。而我卽有術以先得此新聞。此卽新聞記者之才力不可及處。鄉邑間新聞記者。其有斯才者自是社會中能人。於社會中易見頭角。至應否入大城市之報館任事。此另是一問題。宜視個人情形爲斷。此亨利華德生之言。可謂先得我心者矣。

此章予初擬置之不譯。繼又思節譯之。終仍以完篇出之如右。棄擇之間。頗具苦心。讀者當能見諒也。譯者識

第十五章　破壞名譽之法律

報館中新聞記者。操三寸不律管。就事論事。以頃刻而成千言。竟不知何者爲正當之批評。何者爲敗壞他人名譽者有之矣。此法堂之上記者被控之案所以多也。夫破壞名譽云者。其義極糾紛而難解。國家法律。讞所成例。亦多互相矛盾抵觸。惟世有一言。最爲有當。其言曰、凡國人以爲無可責備之言論。皆可

刋而布之。破壞名譽一語。律書所釋。容或更視此義爲明顯。然我書固無須探討及此。更無須在法律學堂討生活。問如何乃可盡去誣搆之語氣也。今斯篇所論釋。至於法律上要義而止。而以新聞記者易陷之罪詈附焉。

誣搆云者。懷惡意而毀壞他人之名譽也。若待至法堂之上。始稱報中誣搆之語非出惡意。即已不及。苟報中所載。有毀壞名譽情事。而事失其眞。在法律上即爲懷惡意而爲之。至新聞記者抑發行人知情與否。所不問也。報館之業主。雖可於法堂上明示證據。謂己身並不在館。或言初未知報中有破壞他人名譽情事。直待刋行後始覺。或又云此文之刋。與本意相左。然民事訴訟。彼固無所逃責矣。

新聞記者或訪事人之文稿中。苟有破壞他人名譽之語。雖不自知。然民事訴訟。責無可遁。至云自不知情。或云不知其文竟爾刋出。皆不足爲逃罪之地。惟懷挾惡意與否。於刑事上更較民事上檢察爲嚴。苟無確懷惡意之實據。罪自輕減。報中取銷之說。抱歉之語。可貴者在此。若不允取銷前說。是爲懷挾惡意之實據。可要索賠償損失。若報中已有抱歉語。則無賠償損失可獲矣。

質言之。誣搆之辭。見於文字。抑經刊載者。較之口說。法律上處分爲嚴。有人於此。吾卽迎面罵之爲流氓匪徒。於法律上無可求復也。欲求復。則惟握拳相抵已耳。至夫刋之爲文。則大不同。或爲民事訴訟。或爲刑事訴訟。視輕重而有異。皆有賠償損失可論。蓋刑事誣搆一端。於法律爲擾害治安。其刑罰則禁錮也。其屬於民事者。是爲有損一人之善名。其處罰爲以鍰金授原告一誣搆之語。被誣者可分別提起二種訴訟。以控誣搆之人。此亦常事也。

試翻檢法律書籍。涉於報館誣搆之條者。其事多端。幾於舉足有禁。實則報館應有之評論自由。報館莫不有之。茲請就違禁者略論之。

經已刋行之文字。誣人有刑事上之罪名。無論罪名之大小。被誣者均可提起訴訟。苟揑造之辭將使被誣者受告發或不名譽之刑罰。則此種文字卽足爲提起訴訟之原因。卽或不言罪名。亦可起訴。譬云某殺人。某爲盜賊。而置被殺與被盜之人於不論。皆爲誣搆。於律可論。惟已由法律手續證明其人已犯罪名者。不在此例。今玆所論。皆指未經有司公判犯罪者言之也。

然則使報中所言果確。而其人實爲殺人之兇手。或偷盜之刼賊。則又何如曰此宜在法堂中將犯罪之滿證。豫備妥貼。以爲辨護之地。惟須知呈露此種罪狀證據。以攻小己之公民。當在法堂刑官之前。不當在報章中也。若其人已由有司逮捕。卽爲報章正當之資料。雖其人後經宣告無罪。其初亦不妨以罪名加之。然猶宜審愼者。未經初審。不得卽以被逮之人爲有罪也。若於標題中或他處竟明言其有罪。卽爲誣搆而破壞名譽矣。

誣人受賄。此亦可提起訴訟者也。至報中是否用受賄字眼。可以不論。無論所載文字如何。或所插諷刺畫如何。苟常人讀之。心目中覺有受賄之意。卽可控告。他如誣人侵蝕款項。勒索錢財。假造貨幣。或用方法得錢。又或誣人爲兇手、罔證、蔑倫、誘拐、之類。皆可控訴於法堂之上。又或以所刊行之文字。使人於社會上因而墮其位望。亦得以破壞名譽論。

報館以破壞名譽被控。若能將眞實憑證完全交出。此自是辨護之正當辦法。報館於此不僅宜負證實之責。且須明示刊載之故。乃出於善念。於法爲可恕。於民事訴訟。使其事果確。卽足爲完全之辨護。卽使發表之故。出於惡意。亦所不問。通例、苟某人之眞性情。不足以當一令名。則雖破壞此令名。亦無須加之以賠償。惟證實之責。在發行人。蓋破壞名譽。卽以其事不眞故耳。且憑證亦必廣衆而強有力者。就新聞記者經驗而論。一切文字有若可以提起訴訟者。記者寧置之不刊。以憑證難得故耳。

或二報記者。持論有異同。因而互肆謾罵。此則二造皆有不是。控訴於法堂。均無要索賠償之權。亦有誣搆之詞。雖非破壞名譽。而有損財產之價値者。如言他報之銷數幾何。而故小其數是也。此亦可以控訴者也。

報中文字。若影響及於在職之人。或有職業之人。此亦可以提起訴訟者也。此等語施之他人。卽不能控訴。譬云某醫家不識猩紅熱與其他外症之別。此亦破壞名譽之語。若以此語譏鞋工則否。又或稱律師爲訟棍。呼醫家爲庸醫。皆可提起訴訟。

此章所云提起訴訟。乃指合於法律之起訴。苟經證實爲誣搆。可以成立者言之。至法堂之上。判決是非。直原告抑直被告。其事多端。有可以前見者。有不可以前見者。不能臆斷也。

經已刊布之文字。意在傷失他人之體面。或屈賤其位望。或損害其德性。雖無遭損之實據。亦可提起訴訟。又或受誣者因而爲人蔑視憤怨嘲弄者亦然。

美國某省法庭。嘗判一案。以某報載一婦人年齡失實。婦人提起訴訟。竟以破壞名譽結案。他如謂某人才力不勝。或愚魯無信之類。皆可起訴。然如原告爲公家官吏。或將被選任職。則不能要索賠償耳。又如報中所載。使閱者心中生某將破產或困於財難之思。亦可起訴。誉人不忠欺罔。或設法損害他人之職業事務。事亦如此。至指斥小己個人。尤應加意。蓋指斥公家官吏。則法律中有特權法可爲有限止的保護故也。

凡報章如有破壞名譽之語。苟非暗指某人。即不得以破壞名譽論。故如云凡屬律師皆不修邊幅之無賴。又或云天下醫家皆造孽之魁首。此非可以破壞名譽論也。至若專指一律師一醫家而言。雖非彰明較著。而實隱指其人。即讀者亦知爲斯人而發。則斯人有要索賠償之權。初不必明指爲誰某也。

報館文字。其義蘊應作如何解釋。此絕無實物不可捉摸者也。其爲破壞名譽與否。全視讀者之意會而已。至當辨護之頃。而以相戲自解。或云被告因酗酒而出此。皆不足爲辨護之理由。至精神錯亂。瘋癲發狂。則可以爲完全之辨護矣。若發行人或著作人以不知其辭爲破壞名譽自解。法堂不之聽也。苟原告有證人到堂證明。謂報中文字。實足使人對於原告而懷惡意。或將爲人所蔑視嘲笑。則原告之控訴。已成鐵案。苟破壞名譽之語。一一皆屬誣搆。原告可請有司即行判決。若記者能明示刊載之意。非出於爲惡。則雖賠償略可輕減。然不能阻止原告要求還復實受之財產損失。

至所控破壞名譽。如爲享有特權法之保護者。其爲故意與否。乃一最要問題。蓋凡享有特權之文字。其中辭氣。即非眞實。亦不得提起訴訟。必作者或發行人懷挾惡意爲之。始可控訴也。此誠所謂特別之利益。凡新聞事業中人物。於此利益之範圍界限。不可以不知也。其一宜知新聞記者訪事人之屬。其所有評議之自由。與其他公民等。非有加多。事涉社會公衆。人人咸有評議之權。惟須公聽平觀。不偏不倚。享有特權之報館文字。國有定律。旨在將評議社會事情之權。爲公益計。擴而充之。以有斯律。報章有批評公家官吏之權。有刊布法堂消息之權。有評隲書籍戲劇以及種種美術之權。直言而無所畏也。雖然。此所云自由。祇及於評議而止。至敍列事實。凡可以提起訴訟者。不在其內。今如報館記者。捏稱某地議員。授受賕賂。此爲敍事失眞。可提起訴訟要索賠償。至評議社會事情。或社會中人物則必超乎公平正直之畛域。斯其文爲造訕而興謗而是否已超出畛域之外。則法官助理之事也。至捏稱官吏身犯刑事罪名。或有道德上之過失。此非可以特權法爲護身之符者矣。

然則彼候補職官者。新聞記者將加以評議時。若按法律時。可至如何地步。乃不爲踰越範圍乎。曰無問誰何。欲求推選爲官。選擧人固有權討論其人是否相稱。至其人品誼何如。選擧人亦自有權以明告他人。惟必情眞意當耳。新聞記者對於其人權利義務。即以此爲畛界。若散布訛言以反對候補職官之人。誣之爲刑事犯。即非特權法所可迴護。如新聞記者欲證實斯人素行不端。抑前此實嘗犯刑事罪名。則必將證據呈出。否則其事危已。故特權法於刋布意見。可以保護者也。至捏造事實。則不可以保護。當爲別論者也。即在享有特權之端。如報告虛誣懷挾惡意而故爲之。非爲社會公益起見。亦得要索賠償損失。

新聞家每謂報章中破壞名譽之語。苟加以風聞傳說據云等辭頭。便可卸責於他人。不知此大謬也。苟報中語。誠屬與訕造訛。則有此種辭頭與否。固所不論。或歸咎於他家之報。傳述之人。發行人究不得自逃於責任之外。轉錄他報。或由於本館撰述。事皆一例。至原告控告原刊之人否。其權全在原告。要而言之。報章所載。報館應負其責。其來處不問也。至加以風聞等字眼。是明知有破壞名譽之性質而刊之。而又不願負責任也。然此固非法律所得而保護也。故法家某氏之言曰。無論何人。刊布他人事故。致使其人爲社會相識所蔑視譏謾。卽非法律之所許。雖於文前附以刊者不信實有其事之宣言。無補也。

報館文字。享有特權法之保護者凡三。一爲對於社會人物及社會法度之批評。一爲立法司法手續之報告。一爲對於文學美術品之批評。於此三端。所以必加保護權者。以法律中尋常假定之文。不能適用故也。（如刊布破壞名譽之文必出於惡意之類）

是報告新聞。有自由也。批評人物。有自由也。斯爲報館擁有實權之基礎。所不幸者。時有濫用耳。然由今視昔。固已有進矣。

報館於法庭訴訟手續。例得完全刋載。然若法庭豫爲禁阻。卽不得刋載。如報告中有譏誚猥褻之詞。此亦非特權法所得保護。報告務必公平確實。不得以新聞而雜批評。如有批評。應於論壇中出之。出於論壇之批評。卽引起反對。亦不如見於新聞或標題中之烈。

訪事人之訪稿。語氣間若挾有原告或被告證據不確或有司裁決失當之意。或於訴訟手續加以批評。或豫擬審鞫之結果。此皆可以提起訴訟者也。法堂讞鞫情形。訪事人固可簡約述之。然必不可攙私意於其間。又如於證據之中。獨將破壞名譽之語刋出。而不及其他。卽不得受特權法之保護。訪稿之中。所列證據。雖有破壞他人名譽之事。而其人與訴訟事件初無關係。苟訪稿眞實而不偏私。卽仍可享特權法之保護。惟律師所稱述破壞名譽之語。訪事人記載宜愼。以爲法律保護所不及也。

如訪稿爲報館常延訪員所草。刊載報中。卽爲不懷惡意。若爲與案事有關之律師所草。其訪稿卽爲失實不公。淪於偏私。爲法官所得問。

如報章所載誣搆之語。影響及於原被二造之一。是爲蔑視法堂。凡報館之評論。若將影響一案之結果者。皆得以蔑視法堂賅之。夫於訟案加以穩健之評論。著爲論說。此固未爲不可。然終不可不愼。蓋一切報館文字。裁判官視爲將以搖惑陪審員或社會民衆者。皆爲蔑視法堂之文。可置犯此之記者或訪事人於法。或執筆人批評法堂有司之屬。持論不公。措辭無擇。或一案待結。報章刊布不眞確不公平之審鞫情形。犯者皆得以蔑視法庭而科罰金。或禁錮之。法堂讞鞫情形。苟非禁止旁聽。報章皆得刊布之。市政廳之會議亦然。又如國家立法院、康格雷司、其他公衆集會商榷。亦如此例。

大陪審官讞鞫情形。非正當之新聞資料也。苟經刊布。不得以特權法自解。必待公訴狀還之法堂。始爲正當之新聞。罪犯臨刑之報告。亦不在特權法之範圍內。蓋特權法之範圍。僅至於拘捕而止。譬如報載某爲有司所拘。若能證實某經被拘。即爲完全之辨護。至謂被拘者由於犯罪。則出於情實之外。不得以特權法論矣。

新聞標題。違礙特多。作標題者爲欲以新聞納之數字中。措辭稍失。遂至犧牲應享之特權。往往一新聞以標題失當引起造訕興謗之訟。故不可不謹慎將事也。

一切公共事業。皆爲報館批評所得及。於律可享特權法之保護者也。譬如鐵路公司保險公司銀行商會慈善會陳列會之類。其管理辦法。報館皆得而詳論之。惟須發乎善念。弗以特權法爲障身之具耳。無論個人小子。或公司巨肆。苟敦促社會注意及之。即爲社會批評所得加。如開會演說專利賣藥商家告白登發傳單之類。皆是也。報章者有指導國利民福之責者也。凡有公共性質之一切事物。皆可得而批評之。報章登載一事。欲知是否爲特權法所得賅。卽問其事一經登載是否可以增進公衆利益已耳。苟其事傳聞失眞。而刊者初無惡意。則亦特權法所得賅者也。

關於美術之批評。如文學音樂戲曲之類。皆特權法之所完全保護者。文學記者之批評。但使稱述事實。不失眞相。於著書之本人。不作人身之攻擊。雖逞情而談可也。無控訴之當慮。凡著作家美術家音樂家以及書賈。不得因報章批評之嚴酷。而要索資財損失之賠償。卽批評家偏私而不公。猶復如斯。然文學記者不得攻擊著作家個人之名譽。此定例也。如云著作家造謠。或於著作家著書之故。加以批難。此皆可以破壞名譽論者也。

批評藝術音樂戲劇。界限一如前例。惟私家演劇。及私家美術品陳列會不在此例。以與社會無涉也。又凡官吏須經遣派而後任職者。報館亦不得以有特權法故。肆意評議。凡由民選之官。報館固得而評其合格與否。若遣派之職則其合格與否。當愬之遣派之人。不當愬之社會大衆也。故凡市長督撫總統所遣派之官吏。報章不得恣肆譏評也。若問曷爲而然。固無理由可言。惟國家法律。於此項事情。不任保護之責耳。

報章中記載。有足擾亂社會安寧者。即難免封禁。然此非常例。當戰亂之際。始偶一行之。

破壞名譽之控案。可爲有效之辯護者凡三事。其一、所控之事。並非破壞名譽。其二、所控之事。乃眞實情形。非出揑造。其三、關於其事之批評。爲特權法所得賅。報館人物。於此三者深加之意。自無蹈於危地之虞矣。

報館刊載之文字。凡涉於破壞他人名譽者。報館中人殆無一而不負其責。自發行人以下。以至派送報章之走卒。皆在其內。即讀報者。於人前朗誦之。亦屬破壞名譽。然常例如印刷人送報人等。苟非知情。則責任較輕。訟案或控報館中一二人。或多人。而獨控發行人者爲最多。此於民事訴訟尤然。以發行人責有攸歸。而又多金故耳。即令發行人成命在先。不得刋登破壞名譽之語。然一經刋登。即不得卸責。此於發行人。視甚不公。以無從向肇事者索賠償也。極其所得爲。黜之而已矣。嘗考發行人不能逃責之故。蓋以報館中人。皆發行人之所任使。館中人物之職權。發行人之所畀。故於大概範圍內不得不負任也。控告報館破壞名譽。無論控館中一人或數人。均可。然所獲賠償名譽之費。必不至較控一人者爲大。按之法律。原告應將要索之賠償。切實申明。至實得之數。是否不爲極微。則原告應自留神。如報館爲合資開設。合資之一人。於報中刋載破壞名譽之語。其餘合資者。皆應負相等之責。至於公司。亦可爲原告被告。與個人同。若數人以連帶關係被控。其中一人已出罰鍰。即不得更及餘人。被告已出罰鍰後。亦不得向應被控訴而未經控訴者要之分認。故發行人賠償原告損失後。不得向肇事之記者索償。訪事人奉記者之命令作訪稿。若被有司罰鍰。或禁錮。亦無可申愬。且亦不得於法堂中以受人指使自解也。

發行人於新聞社論負責矣。於告白亦負責也。而分類告白尤宜注意。今若有人。至報館登一告白。發行人以其跡近破壞他人名譽。因與之約。謂如遭訟受罰。貲由登告白者任之。則此約爲虛設。發行人固罰鍰。然不得迫彼登載告白者出一文錢也。訪事人因受報館主任之指使而受罰。其事亦同。雖經豫約在先。代納鍰金。亦無效力。

刑事訴訟最大之罰。爲六月或一年之禁錮。至民事訴訟之賠償金。多寡無定律。然法堂之所判定。恆較實數爲少。民事尤多於刑事。以往往有人。藉控告報館謀獲財利。尤有無行之律師。慫慂其間。然大抵得不償失。臨事而悔者有之。須知控告破壞名譽。乃一極危險事。賠償所得。恆不敵雇聘律師之資。徒自傷其名譽而已。如報館果有破壞名譽之事。毋寧以刑事起訴而不以民事訴訟要索賠償。雖然。律師之言。則與我言殊矣。

無論民事抑刑事訴訟。報館恆吃大虧。以雇聘律師辨護一案。需五百弗。雖得直。已耗巨金。昔非拉特非時報十三年間爲人以破壞名譽被控者數次。雖皆得直。辨護之費已二萬弗。故今加利福尼之法律。於控告報館原告。應先署五百弗之券。如控案不實。卽以此金充案中費用。斯亦杜漸防微之一道也。

報館如有破壞名譽之語。原告應於刋載日起一年內起訴。此爲美國各州通例。然亦有限二三年以內者。凡控告破壞名譽。如原被二造。其一已故。案卽銷滅。英美法律。已死之人。不得以破壞名譽論。法國則否。又加那大某省法律。破壞他人祖先之名譽。亦得控告云。

經已刋行之報章。其中破壞名譽之語。可分別控訴。司法之官於酌定罰金時。宜統其全而計之。如發行人於被控以後。出售其報。則可更控。被控以後。登載抱歉之詞亦無效。若他日之報。於破壞名譽之語。又復重出。則須重行起訴矣。

報館無論若何加意。其社論中。未必遂無破壞名譽之語。惟須處處留神。勿致被控而負而已。若社論中無懷挾惡意之語氣。或記者訪事人。藉報紙而報私怨。覺察卽立黜之。則民事刑事之控案自少。蓋所謂報館之自由。非謂可自由刊載想像之語。報復之辭。漫罵之文。挾卑劣醜惡之心思以從事也。何則。自由者非放縱之謂。報紙者公理所從出。於惡感妒心怨氣及種種不慈不善之念。皆應排而去之。勿留一星白圭之玷也。

第十六章　美國板權法

板權一事。書賈最宜熟知。其次則新聞家矣。報章引用有板權之書籍。如何則不爲翻印。引用與翻印之界限何若。此皆新聞記者所不可不知者也。

須知國家普通法律。於國人用其心思目力。撰述一書。方其未付刊行未經註册得有板權時。其書卽爲著者一己之私產。故如有著作之家。以文稿寄之報館記者。懇其察閱。如需刊載。須酬筆潤。若記者別用他人之名刊載報中。或以他術擅自登載。並無報酬。則此記者可被控於法堂。而受相當之罰。報館及報會於所搜羅之新聞。未經刊行者。按之普通法律。亦爲財產之一種。故無形之板權。乃所以保護未經刊行之著述也。猶之家具器物。不得爲他人擅自竊取耳。

著述一經刊行。則普通法律之保護以終。欲更得保護。宜求之板權律。苟不然者。卽不爲作者之物。成爲公衆業產。所謂刊行者。謂將原稿付之排印售之社會公衆。印售之多寡。皆所不論。一經刊行。卽成公產。無論何人。皆得重印發售。原著之人。以及他人。皆不得以板權爲請。

分期出板之書籍。著者如不按法律。獲得板權。其書卽不爲著者私有之物。假如分期刊行之書籍中。有一册或數册無板權字樣。無論何人。皆得重爲印售。惟已有板權者則否。日報雜誌之屬亦得以板權請。惟每出板一次。須重請板權一次。一切著述。如祇作告白之用者。無板權。如有文學或美術上之趣味。則亦板權律所得賅者也。

翻譯之文。雖原作無板權。亦得以板權請。然不得因此禁他家重譯。惟已有板權之譯本。他家不得翻印耳。未經請得板權之書。如加板權字樣。罰金一百弗。發行日之前。應先以二分寄存板權註册處。若發賣於寄存之前。則所請板權爲無效。

日報雜誌。每出一號。須分請板權一次。故日報館欲得板權。須每日請也。惟按期登載之小說。則於第一期發行時。請得板權一次可矣。

板權自註册日始。以二十八年爲期。於未到期之六月內。作者有請展限十四年之權。如作者已故。則由其妻若子請之。未經呈請展限。卽爲公物。他家可以翻印。然板權年限。最寬亦僅四十二年而已。

轉載全書或書中緊要部分。是爲侵害板權。若非轉載。不得以侵害板權論。譬如有人自作一書。與已有板權之某書甚近似。此非侵害板權也。然侵害板權亦非僅限於轉載重印。無論用何方術就原書改作之。模倣之。移易之。以掩其翻刻之跡。皆屬侵害板權。若夫議論意見。未經刊行。非板權律之所得賅也。

侵害板權。不以取材多寡論、按照板權律。轉載原文三數行。卽爲侵害板權。原著者可提起訴訟。如原著者能指證轉載之三數行。爲書中緊要關鍵。以經轉載。獲利以減。則可要索、賠償。報館記者轉錄已有板權之書報文字。恆自度量。原作之價値是否因此而有損。苟轉錄之文。非所以代原作。原作之銷數不因之而滯。卽非侵害板權也。

已有板權之詩文。圖畫。如全爲他人重印發售。是爲翻刻。毫無疑義。若徒於書中節取數語。或由畫本採取一畫重印之。不必卽爲翻印也。此全視原作者能指證曾受資財損失與否而已。

文學記者批評書籍。往往引用原本成作。而不得以翻印論者。卽以此故。以節取原作。加以評議。於原作銷路恆有利也。書賈對於報館採錄書中一二圖畫。亦所樂從。惟須標明出處耳。

著作家甲撰著一書。以欲、自堅其說。引用著作家乙所著之書。此亦不得以侵害板權論。然其引用界域，不如文學記者之廣。要之翻印之定義。純視轉載之文。是否欲取原作而代之而已。假使節取之文。實足侵損原書之銷路。卽爲翻印。若非掩蓋原作。則轉載固自無妨。若取原作而代之。卽爲翻印鐵案。其如何刊載。所不論也。

已有板權之文。可以轉載者。爲欲奬勵學問也。然後起之人。勦襲前人辛苦經營之成作。以爲已有。殊非公平之道。此板權所以有專律也。翻刻他人著作。而以不知已有板權自解。此良不足爲辨護地。乃若翻刻他人之所翻刻。其罪案與犯翻刻者同。其明知爲翻刻與否。所不問也。翻刻他人著作。如經控告印刷人與發行人均對於有板權者而負責任。控告翻刻。其道有三。以債務起訴請按法律處罰。一也。按衡平法求直。二也。按普通法律請賠償損失。三也。原告要索賠償。於律亦有止限。

轉載他人著作。若將取而代之。遂致原作之銷路有損。板權律始得出而干涉。

此爲翻刻最要定義。牢記此語。則報館中發生板權問題。自易解決。若係翻刻。則原著者之姓氏。原書之名稱。附與不附。罪案絕無二致。至以責難反對之批評。致原書之銷路以減。此與板權律無涉。假欲引用原書中全篇之作。或重印極寶貴之圖畫。此宜先致函於有板權之作者或書賈。得其允諾。要之。報館記者苟能稍加裁度。出以公平之念。則板權一事。自不致生起風波也。

按美國法律。一切印刷品。欲得板權。宜豫將印刷品之名稱。殿以請求板權者之姓氏。印成一紙。大如尋常信紙。由美國郵傳。封寄華盛頓康格雷司圖書館之守藏吏。另納美金五角。爲註册之費。若欲得板權憑證。則須更納五角。一經郵寄印刷品。卽可加以板權字樣。亦須標明請得板權年分及板權爲誰所得。二者缺一。卽不爲法律所保護。每見西書恆有 All rights reserved 字樣。殊爲可哂。蓋既有板權。則此爲駢枝。如無板權。則爲虛設也。譯者識

图书在版编目（CIP）数据

实用新闻学 /（美）休曼著；史青译. —北京：中国传媒大学出版社，2018.3
（中国近代新闻学名著系列丛书 / 芮必峰主编）
ISBN 978-7-5657-2271-4

Ⅰ.①实… Ⅱ.①休… ②史… Ⅲ.①新闻学 Ⅳ.① G210

中国版本图书馆 CIP 数据核字（2018）第 042232 号

中国近代新闻学名著系列丛书
芮必峰 主编
实用新闻学
SHIYONG XINWENXUE

著　　者　〔美〕休曼
译　　者　史青
策划编辑　司马兰　姜颖昳
责任编辑　姜颖昳
封面设计　拓美设计
责任印制　阳金洲

出版发行　中国传媒大学出版社
社　　址　北京市朝阳区定福庄东街 1 号　　邮编：100024
电　　话　86-10-65450532 或 65450528　　传真：010-65779405
网　　址　http://www.cucp.com.cn
经　　销　全国新华书店

印　　刷　北京华联印刷有限公司
开　　本　787mm × 1092mm　1/16
印　　张　12.25
字　　数　92 千字
版　　次　2018 年 6 月第 1 版　2018 年 6 月第 1 次印刷

书　　号　ISBN 978-7-5657-2271-4/G · 2271　　定　　价　58.00 元